KB175982

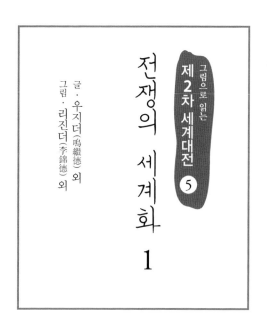

그림으로 읽는
제2차 세계대전
⑤

전쟁의 세계화

1

글 · 우지더(鳴繼德) 외
그림 · 리진더(李錦德) 외

이담 Books

전역별 지도

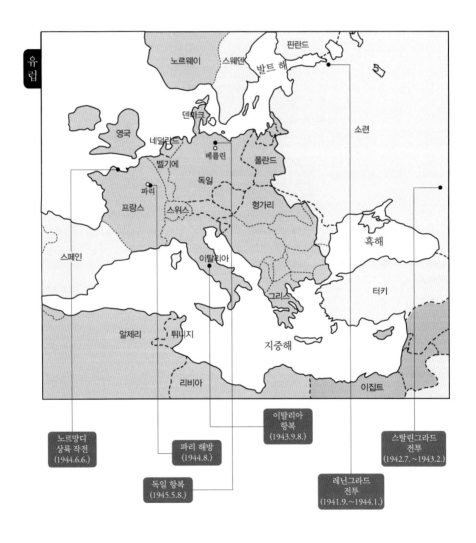

유럽

핀란드
노르웨이 스웨덴 발트 해
덴마크
영국 네덜란드 소련
벨기에 베를린 폴란드
파리 독일
프랑스 스위스 헝가리
흑해
스페인 이탈리아
그리스 터키
알제리 튀니지 지중해
리비아 이집트

노르망디
상륙 작전
(1944.6.6.)

파리 해방
(1944.8.)

독일 항복
(1945.5.8.)

이탈리아
항복
(1943.9.8.)

레닌그라드
전투
(1941.9.~1944.1.)

스탈린그라드
전투
(1942.7.~1943.2.)

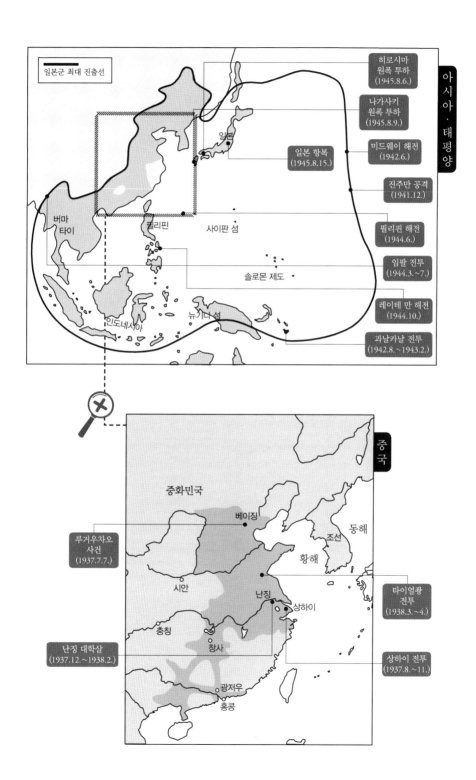

일본군 최대 진출선

아시아 · 태평양

히로시마
원폭 투하
(1945.8.6.)

나가사키
원폭 투하
(1945.8.9.)

미드웨이 해전
(1942.6.)

일본 항복
(1945.8.15.)

진주만 공격
(1941.12.)

필리핀 해전
(1944.6.)

임팔 전투
(1944.3.~7.)

레이테 만 해전
(1944.10.)

과달카날 전투
(1942.8.~1943.2.)

홍콩

버마
타이

필리핀

사이판 섬

솔로몬 제도

인도네시아

뉴기니 섬

중국

중화민국

베이징

동해

조선

황해

루거우차오
사건
(1937.7.7.)

시안

난징

상하이

타이얼좡
전투
(1938.3.~4.)

난징 대학살
(1937.12.~1938.2.)

충칭

창사

상하이 전투
(1937.8.~11.)

광저우

홍콩

머
리
말

1945년 9월 일본 군국주의의 '무조건 항복' 으로 막을 내린 제2차 세계대전이 종식된 지도 40여 년이 지났다. 세계대전이라는 대참사를 겪은 사람들 대다수는 피비린내 나던 그 세월을 잊을 수 없을 것이다. 제2차 세계대전은 유럽, 아시아, 아프리카, 오세아니아 등을 휩쓸었으며, 당시 전 세계 인구의 4분의 3에 달하는 20억 이상이 전쟁에 휘말렸다. 정확한 통계는 어렵지만, 사망자는 대략 5천만 내지 6천만으로 제1차 세계대전과 비교해서 4배가 넘었으며, 전쟁에서 소모되거나 파괴된 자산은 무려 4천억 달러에 이른다. 주요 전장(戰場) 중 한 곳이었던 중국은 일본 파시즘과의 장기전에서 커다란 희생을 치르고 마침내 승리할 수 있었다. 이 승리는 광명이 암흑을 몰아낸 승리이자 정의가 불의를 이겨낸 승리였는데 평범치 않은 역사에는 뒷사람들이 기리는 빛나는 사적과 더불어 몸서리쳐지는 잔혹한 범죄들도 존재했다. 오늘날 이 모든 것은 한 가닥 연기처럼 사라져 기억 속의 옛 자취가 되었다. 그러나 이러한 역사가 되풀이되지는 않을까? 또다시 똑같은 참사가 발생하지는 않을까? 이와 같은 고민은 전쟁의 상처를 고스란히 떠안은 우리 세대와 평화를 사랑하고 정의를 추구하는 개개인이 진지하게 심사숙고해야 할 문제이다.

중국연환화출판사에서 발간한 『제2차 세계대전사 연환화고(連環畵庫)』는 더 많은 독자가 제2차 세계대전의 전반적인 역사를 이해하기 쉽도록 풍부한 그림과 글로 세계대전의 전체 과정과 그중 중요한 전투를 재현했다. 일찍이 루쉰(魯迅) 선생이 '계몽의 예리한 도구'라 극찬한 연환화(連環畵)*는 중화인민공화국 수립 이후 지난 40년간 신속한 발전을 가져와 대중들에게 중요한 정신문화로 자리 잡았다. 독자층이 넓어지고 제재도 풍부해지면서 형식과 표현에서 진일보한 연환화는 예술적 감상과 오락적 기능을 넘어 지식을 전달하거나 교육 자료로 이용되는 등 여러 방면에서 활용되고 있다. 아무쪼록 본 시리즈가 독자들이 역사적인 사실을 배우고 이해하는 데 도움이 되길 바라며, 전쟁 도발자들의 추악한 면모와 야욕을 알고 평화와 정의를 수호하는 일이 얼마나 위대한 것인가를 깨닫기 바란다.

1989년 12월

장웨이푸(姜維朴)

---

* 연환화(連環畵): 여러 폭의 그림으로 이야기나 사건의 전체 과정을 서술하는 회화를 말하며 연속만화, 극화(劇畵)라고도 한다. 20세기 초 상하이에서 발전하기 시작했으며 문학작품을 각색하거나 현대적인 내용을 제재로 한다. 간단한 텍스트를 엮은 후 그에 걸맞은 그림들을 그리는데, 보통 선묘를 위주로 하며 간혹 채색화도 있다.

차례

연
표

1929년
- 10.24. 뉴욕 증시 대폭락으로 세계 경제대공황 시작

1931년
- 09.18. 만주사변(~1932 02.18.), 일본 승리

1933년
- 01.30. 히틀러, 독일 수상에 취임
- 03.04. 루스벨트, 미국 대통령에 취임

1937년
- 07.07. 루거우차오 사건(~07.31.), 일본 승리
- 08.13. 상하이 전투(~11.26.)
- 12.13. 일본의 난징 점령과 대학살(~1938.02.)

1938년
- 03.12. 독일, 오스트리아 합병
- 03.24. 타이얼좡 전투(~04.07.), 중화민국 승리
- 09.30. 뮌헨 협정(영·프·독·이)

1939년
- 03.15. 독일 체코슬로바키아 해체, 병합
- 08.23. 독일·소련 불가침조약
- 09.01. 독일의 폴란드 침공으로 제2차 세계대전 발발
- 11.30. 소련 – 핀란드 겨울 전쟁(~1940.03.13.)

1940년
- 05.10. 처칠, 영국 총리에 취임
- 05.26. 영·프 연합군의 됭케르크 철수(~06.03.)
- 09.27. 독일·이탈리아·일본 3국 동맹

1941년
- 06.22. 독일의 소련 침공으로 독소전쟁 발발
- 09.08. 레닌그라드 전투(~1944.01.27.), 소련 승리
- 12.07. 일본의 진주만 공습(태평양전쟁 발발)

1945년
- 02.19. 이오 섬 전투(~03.26.), 미군 승리
- 03.10. 미국의 일본 도쿄 대공습
- 04.01. 오키나와 전투(~6.23.), 미군 승리
- 04.28. 무솔리니 공개 처형
- 04.30. 히틀러 자살
- 05.08. 독일 항복
- 08.06. 히로시마 원자폭탄 투하
- 08.09. 나가사키 원자폭탄 투하
- 08.15. 일본 항복

1944년
- 03.08. 임팔 전투(~07.03.), 연합군 승리
- 06.06. 노르망디 상륙 작전
- 06.11. 사이판 전투(~07.09.), 미군 승리
- 06.19. 필리핀 해전(~6.21.), 미군 승리
- 08.26. 파리 해방
- 10.23. 레이테 만 해전(~10.26.), 연합군 승리
- 09.15. 펠렐리우 전투(~11.27.), 미군 승리
- 12.16. 벌지 전투(~1945.01.25.), 연합군 승리

1943년
- 09.08. 이탈리아 항복
- 11.22. 카이로 회담(1차 11.22.~26. / 2차 12.02.~07.)

1942년
- 01.31. 싱가포르 전투(~02.15.), 일본 승리
- 06.04. 미드웨이 해전(~06.07.), 미군 승리
- 07.17. 스탈린그라드 전투(~1943.02.02.), 소련 승리
- 08.07. 과달카날 전투(~1943.02.09.), 연합군 승리

윈스턴 처칠(Winston Leonard Spencer Churchill, 1874.11.30. ~ 1965.1.24.)
영국의 정치가로 제2차 세계대전 당시 체임벌린의 뒤를 이어 총리직에 올랐다. 미국과 소련을 끌어들여 노르망디 상륙작전, 대일본 작전 등을 성공시키며 전쟁 초기의 불리한 전세를 뒤집고 연합국의 승기를 마련했다. 추축국 세력을 무력화시키는 데 큰 공헌을 한 것으로 평가받지만, 드레스덴 폭격은 정당하지 못한 공격이었다는 비판도 받았다. 글과 그림에도 조예가 깊어, 1953년 노벨문학상을 받았다.

베니토 무솔리니(Benito Amilcare Andrea Mussolini, 1883.7.29. ~ 1945.4.28.)
이탈리아 정치가로 파시즘을 주도해 국무총리에 올랐다. 1935년 독일과 군사동맹을 체결하고, 독일·일본과 함께 국제 파시즘 진영을 구축해 제2차 세계대전에 추축국으로 참전했다. 그러나 참전 이후 거듭되는 패배로 연합군에 의해 감금, 체포된다. 독일군의 도움으로 도주해 북부 이탈리아에 나치스 괴뢰 정권을 조직했으나 독일의 항복 직전 반(反)파쇼 유격대에 잡혀 총살당했다.

에르빈 로멜(Erwin Johannes Eugen Rommel, 1891.11.15. ~ 1944.10.14.)
독일 군인으로 제1차 세계대전 참전 후 나치당에 가입해 히틀러의 경호 대장을 지냈다. 기갑사단장으로 제2차 세계대전에 참전해 맹활약을 했는데, 특히 북아프리카 전역에서의 능수능란한 지휘 덕분에 '사막의 여우'라는 별명으로 불렸다. 전투에 연이어 승리해 원수로 진급했지만, 보급 물자를 지원받지 못해 엘 알라메인 전투에서 패배했다. 그 뒤 서부전선으로 파견됐으나 노르망디 상륙 작전을 저지하지 못했다. 1944년, 히틀러 암살 미수 사건에 참여했다는 이유로 명령을 받고 음독자살했다.

버나드 몽고메리(Bernard Law Montgomery, 1887.11.17. ~ 1976.3.24.)
영국 군인으로 제2차 세계대전 때 제3사단장을 맡아 프랑스와 연합해 독일군의 공격을 저지하려 했으나 실패했다. 그러다 북아프리카 전선 엘 알라메인 전투에서 제8군 사령관을 맡아 독일군을 격파하면서 전쟁의 판도를 바꿔놓았다. 노르망디 상륙 작전에서는 영국군 총사령관으로 활약하며 원수로 진급했다. 종전 후 참모총장을 거쳐 1951년부터 1957년까지 나토(NATO)군 최고사령관 대리로 있었다.

1939년 9월, 폴란드 침공 이후 히틀러는 서유럽을 자신의 손아귀에 넣고자 했다. 그해 11월, 소련 - 핀란드 전쟁이 발발하자 영·프는 반소련 '십자군'을 조직해 노르웨이, 스웨덴을 거쳐 핀란드를 지원하려 했다. 이에 히틀러는 먼저 북유럽을 침공해 후방을 든든히 한 다음 역량을 결집해 서유럽을 치는 것으로 계획을 수정했다. 히틀러는 북유럽 침공을 위한 '베저위붕 작전'을 수립하고 덴마크, 노르웨이 등 국가를 침략해 점령했다. 북유럽 전선은 독일 파시즘 군대가 서유럽으로 진격하기 전에 치른 한차례 총연습이라고 볼 수 있다.

글 · 우지더(吳繼德)

그림 · 리진더(李錦德) · 리신(李昕)

그림으로 읽는 제2차 세계대전 ⑤

전쟁의 세계화 1

독일의 북유럽 침공

1

1939년 9월 1일 새벽, 독일은 150만 병력과 비행기 2천 대를 동원해 남·북·중앙 세 방향에서 영·프의 동맹국인 폴란드를 침공했고, 기세등등한 독일로 인해 유럽 정세는 갈수록 긴박해졌다.

폴란드 부르주아 정부는 독일군의 전격전에 참패하고, 9월 17일 루마니아로 망명했다. 27일, 독일군은 폴란드 수도 바르샤바를 점령하고, 9월 말에 이르러 폴란드 전체를 점령했다.

폴란드가 패망한 후 영·프는 독일이 계속 동진(東進)해 소련과 전쟁을 일으키기를 기대했으나 독일은 오히려 성동격서(聲東擊西)하여 대규모의 부대를 동부전선에서 서부전선으로 이동시켜 먼저 서유럽을 공격하고자 했다.

얼마 뒤, 소련과 핀란드 국경에서 겨울전쟁이 발발하면서 유럽 형세는 새로운 변화가 생겼는데 영·프는 공개적으로 반소련 '십자군'을 조직해 핀란드를 지원하려 했고, 이에 독일은 두려움을 느꼈다.

히틀러는 영·프 원정군이 노르웨이, 스웨덴을 거쳐 핀란드로 간 다음 이를 빌미로 그곳에 눌러앉아 북방에서 독일을 위협할까봐 전전긍긍했다. 그런 이유로 히틀러는 군대를 재배치하고 먼저 북유럽을 침공한 뒤 다시 서유럽을 공격하기로 했다.

1940년 3월 1일, 히틀러는 3군 수뇌부 회의를 열고 "요즘 스칸디나비아 지역의 정세를 볼 때 우리 독일이 무장부대를 이끌고 우선 덴마크와 노르웨이로 진격해 그 두 나라를 점령해야 한다"라고 말했다.

그날로 히틀러는 독일군 최고사령부에서 덴마크, 노르웨이 침공에 관한 '베저위붕 작전'
지령을 승인했고, 비밀리에 작전을 실행시켜, 독일 육군 부대와 해군 함정은 신속하게 북
방 항구에 집결했다.

3월 말, 노르웨이 정부는 주베를린 공사관과 스웨덴인으로부터 독일 군대와 함정이 북방
에 속속 집결하고 있다는 정보를 입수했다.

4월 1일, 독일이 덴마크와 노르웨이 침공을 준비한다는 소식이 영국 런던에도 전해졌다. 처칠 영국 해군장관은 즉시 정부에 히틀러에 대한 반격전을 준비해야 한다고 주장했다.

영국은 독일에 대한 군사행동 계획을 수립했는데, 하나는 '빌프리트 작전'으로 노르웨이 수역에 기뢰를 매설해 스웨덴에서 노르웨이를 거쳐 가는 독일의 철광석 수송을 차단하는 것이고, 다른 하나는 'R-4 작전'으로 군대를 노르웨이 남부의 트론헤임, 베르겐 등 군사 기지에 상륙시켜 독일군을 저지하는 것이었다.

같은 시각, 히틀러도 적극적으로 전쟁 준비를 하고 있었다. 4월 2일 오후, 히틀러는 괴링 공군 원수와 레더 해군 원수에게 4월 9일 새벽 5시에 덴마크 · 노르웨이 침공을 위한 '베저 위붕 작전'을 개시하라는 정식 지령을 내렸다.

독일 최고사령부는 이 비밀 계획을 외교부에 통지하고, 리벤트로프 외무장관에게는 외교 적 수단을 이용해 덴마크와 노르웨이에 독일군이 도착했을 때 그들이 저항하지 않고 항복 하도록 회유하라고 지시했다.

4월 3일 새벽 2시, 독일의 1차 보급함 3척이 히틀러의 지시에 따라 기만 · 위장 전술로 빌헬름스하펜을 떠나 노르웨이 북쪽 나르비크 항으로 이동했다.

같은 날, 영국 전시 내각은 스웨덴 스톡홀름으로부터 독일이 스칸디나비아로 진격하기 위해 북부 항구에 많은 병력을 집결시켰으며, 이미 몇 척의 함대가 출항했다는 최신 정보를 입수했다.

4월 4일, 주베를린 네덜란드 무관 스하르스 상교(上校)는 독일 첩보국 외르스테드 상교로부터 '베저위붕 작전'을 알아내 즉시 주베를린 덴마크 해군 무관 콜슨 상교에게 알렸다.

콜슨 상교는 급히 코펜하겐으로 가서 덴마크 정부에 직접 이 사실을 보고했으나 덴마크 정부는 자국 해군 무관의 말을 믿지 않았다.

4월 5일, 노르웨이 정부도 베를린으로부터 독일이 노르웨이 남쪽에 상륙할 것이라는 정보를 입수했으나 노르웨이 정부는 대수롭지 않게 여겨 대책을 마련하는 등 경계를 강화하지 않았다.

같은 날, 맹목적인 자신감에 차 있던 체임벌린 영국 수상은 독일의 첫 해군 보급함이 출항한 지 이틀이 지나서야 런던에서 "우리는 완벽한 준비가 되어 있기 때문에 지금 히틀러가 서유럽을 침공했지만 이미 그들은 실패한 것이나 다름없다"라고 연설했다.

4월 7일, 덴마크 침공을 맡은 독일 특별파견부대 참모장 쿠르트 하이머 장군은 일반인 복장을 하고 기차 편으로 코펜하겐에 도착해 그곳 지형을 정찰하고 독일 상륙부대를 위해 필요한 배치를 구상했다.

같은 날, 노르웨이인들은 독일 대형 군함 몇 척이 노르웨이 해안에 접근하는 것을 발견했다. 마침 노르웨이 정부도 영국 비행기가 스카게라크 어구에서 독일 함대를 공격했다는 보고를 받았다.

4월 8일, 영국 해군은 노르웨이 수로에 기뢰를 매설하기 시작했으며, 만일의 경우에 대비해 일부 해군은 자국의 수송함과 순양함에 올라 노르웨이 해역으로 나아갔다.

같은 날 오후 2시, 영국 해군부는 주런던 노르웨이 공사관에 강력한 독일 해군 함대가 나르비크 항으로 접근하고 있으니 즉시 경계를 강화하라고 통지했다. 그러나 그 시각에도 덴마크, 노르웨이 정부는 여전히 무방비 상태였다.

4월 9일 오전 5시 15분, 독일군은 예정된 시간이 되자 '베저위붕 작전'을 개시하고 덴마크와 노르웨이에 각각 육해공 공격을 감행했다.

덴마크 전체가 아직 잠에서 깨지 않은 새벽, 독일 급강하 폭격기는 이미 수도 코펜하겐의 상공에 다다랐다. 1개 대대의 병력을 실은 해군 수송함도 이미 코펜하겐 항구 밖에서 대기하고 있었다.

같은 시각, 독일 지상부대도 덴마크 국경을 넘어 물밀듯이 진격해 왔다.

노르웨이에서는 동이 트기 전에 독일군에서 미리 파견한 부대가 군함을 타고 각각 남쪽의 오슬로, 북쪽의 나르비크 등 주요 항구에 도착했다.

5시 20분, 즉 공격 개시 5분 뒤 주코펜하겐, 주오슬로 독일 외교관은 각각 덴마크, 노르웨이 정부에 독일의 최후통첩을 전하면서 "독일 정부는 당신들이 저항하지 않기를 바란다. 어떠한 저항을 하든 우리는 수단을 가리지 않고 공격할 것이다"라고 위협했다.

덴마크는 지형이 평탄한데다 방어 병력도 부족해 덴마크 국경으로 침입한 독일 기갑부대는 거의 아무런 저항도 받지 않고 유틀란트 반도를 점령했다.

덴마크의 수도 코펜하겐은 유틀란트 반도 동쪽의 질란드에 위치했는데 독일군 사령관 하이머 장군은 작은 병력 수송선 3척을 공군의 엄호 아래 곧장 코펜하겐으로 진격하게 했다. 병력 수송선은 항구의 포대와 덴마크 정찰정을 지나칠 때에도 아무런 공격을 받지 않았으므로 파죽지세로 나아가 시 중심에 위치한 랑엘리니 부두에 정박했다.

병력 수송선에 타고 있던 독일군 부대는 곧바로 상륙해 국왕이 있는 아말리엔보르 왕궁 및 육군 총사령부로 쳐들어갔다.

랑엘리니 부두는 덴마크 육군 총사령부가 지척에 있고, 국왕 크리스티안 10세가 살고 있는 아말리엔보르 왕궁과도 무척 가까웠다. 그런 이유로 독일군은 랑엘리니 부두에 상륙해 신속하게 육군 총사령부를 점령하고 아말리엔보르 왕궁을 포위했다.

왕궁에 갇힌 덴마크 국왕과 대신들은 왕궁 바깥에서 총소리가 드문드문 들려오는 가운데 황급하게 대책을 논의했다. 육군 총사령관 프라이어 장군은 적에 대항해 싸울 것을 주장했으나 수상, 외무장관, 국왕은 이를 거부했다.

대다수 대신들의 의견에 따라 항복하기로 결정한 덴마크 국왕은 호위대에 저항하지 말라고 명령하고 왕궁의 창문에 백기를 내걸었다. 독일이 공격을 개시하고 덴마크가 항복을 선포하기까지는 고작 3시간여밖에 걸리지 않았다.

그날 오후 2시, 코펜하겐을 점령한 하이머 장군은 세실 폰 렌트 횡크 주덴마크 독일 대사와 함께 아말리엔보르 왕궁에 가서 70세가 다 된 크리스티안 10세 덴마크 국왕을 만나 덴마크 항복문서에 정식 서명할 것을 요구했다.

하이머는 서류가방에서 이미 작성해 온 '항복문서'를 꺼내 국왕에게 보여주었다. 2시 50분, 덴마크 국왕은 문서에 서명했고 그 순간부터 덴마크는 나치 독일의 '모범 보호국'으로 전락했다.

덴마크는 항복했지만, 독일군은 노르웨이에서 격렬한 저항에 부딪쳤다. 4월 9일 새벽녘, 주오슬로 독일 대사가 노르웨이 정부에 최후통첩을 보냈다. 노르웨이 정부는 즉시 "우리는 절대로 굴복하지 않을 것이다. 우리는 무력으로 무력에 대항할 것이다!"라고 대답했다.

독일이 노르웨이 침공에 투입한 전력은 해군은 전투 순양함 2척, 미니 전함 1척, 순양함 7척, 구축함 14척, 잠수정 28척, 보조함정 약간이며, 육군은 3개 사단의 병력을 해군의 수송선에 나누어 싣고 노르웨이에 상륙하기 위해 대기했다.

공군은 전투기 8백 대, 수송기 250대와 1개 공수대대가 투입됐다. 독일 본토에서 출발한 이들의 임무는 노르웨이 전투 지역에서 독일 해군과 상륙하는 지상부대를 엄호하는 것이었다.

독일군의 공격 목표는 우선적으로 노르웨이의 수도 오슬로와 북방의 중요한 항구인 나르비크 항이었다. 4월 9일, 아직 어스름한 새벽에 독일 구축함 10척이 나르비크 항의 기다란 협만에 다다랐다.

당시 항구에는 노르웨이의 낡은 장갑함 에이츠볼호와 노지호가 정박해 있었다. 함선이 다가오는 것을 본 함상에 있던 지휘관은 포를 쏘아 경고하는 동시에 신호를 보내 독일 구축함에 신분을 밝히라고 요구했다.

독일 구축함은 대담을 회피하다가 지휘관 프리츠 번디 해군 소장이 한 군관에게 모터보트를 타고 가서 상황을 설명하게 했다.

독일 모터보트는 에이츠볼호에 접근해 자신들은 독일 함대로 나르비크가 영·프에 점령되지 않도록 방어해 주러 왔으니 노르웨이 군함은 즉시 항복하라고 요구했다. 이 소리를 듣고 크게 분노한 노르웨이 장병들은 독일의 무리한 요구를 비난하며 절대 항복하지 않을 것임을 명백히 했다.

독일 군관은 독일 함대의 프리츠 번디 소장에게 노르웨이가 항복을 거부했음을 알렸다.

성난 프리츠 번디 소장은 독일 모터보트가 에이츠볼호를 떠나자마자 어뢰를 발사해 에이츠볼호를 격침시켰다. 노르웨이의 또 다른 장갑함 노지호가 독일 군함을 향해 포격했지만 역시 얼마 지나지 않아 독일군 함포에 격파됐다.

그날 오전 8시, 독일은 나르비크 항을 점령했고 항구 주둔군 사령관 콘라드 순들로 상교는 독일에 항복했다. 그러나 나르비크 전투가 완전히 끝난 것은 아니었다.

나르비크 항이 잠시 소강상태가 된 사이 노르웨이 서해안 전투는 치열하게 진행됐다. 서해안에서 독일군의 주요 공격 목표는 노르웨이 제2의 항구 트론헤임과 중부의 전략적 요충지인 베르겐이었다.

중순양함 히퍼호가 이끄는 독일 함대가 트론헤임을 공격했다. 노르웨이 항구의 포대가 포격하기도 전에 독일 함대는 트론헤임 협만을 신속하게 지나 아무런 저항도 받지 않고 항구에 진입했다.

노르웨이 수비군은 시내에 구축된 포루에서 독일군을 향해 맹렬하게 사격했다. 독일군은 경형 기갑부대의 지원을 받으며 계속 공격해 점심 무렵이 되자 시내 주요 교통 요로를 완전히 장악했다.

트론헤임 외곽의 베르네스 비행장에서 노르웨이 수비군은 계속 저항했다. 독일군이 폭격기를 출동시켜 수비군을 공격하자 베르네스 비행장이 점령됐고, 노르웨이 제2의 항구는 끝내 독일군 수중에 들어갔다.

트론헤임에서 약 500km 정도 떨어진 베르겐에서는 노르웨이 수비군과 독일 함대 사이에 치열한 포격전이 벌어졌는데 항구 포대가 맹렬한 포화로 쾨니히스베르크호 순양함의 보조함에 심한 타격을 입혔다.

독일의 다른 함정도 함포 화력을 이용해 항구로 쳐들어가 신속하게 부두를 점령했고 병사들이 물밀듯이 상륙했다. 전력에서 밀린 노르웨이 수비군이 철수하자 독일군은 정오가 되기도 전에 도시를 점령했다.

그날 오후, 순양함 4척과 구축함 7척으로 구성된 영국 해군 함대가 베르겐 항구 부근에 이르러 노르웨이 군대를 도와 베르겐 항구를 탈환하려 했다.

영국군은 우선 해군 급강하 폭격기 15대로 항구 내 독일 함대를 폭격하고 곧바로 영국 함대가 베르겐 항구로 쳐들어갔다. 영국 해군 급강하 폭격기의 공격을 받은 독일 순양함 쾨니히스베르크호가 명중돼 가라앉았다.

영국 함대가 항구에 진입하려는 찰나, 해군부에서는 항구 내의 기뢰와 독일 공군의 반격을 당할 가능성이 있으니 공격을 중지하라는 명령을 내렸다. 이에 영국 함대는 곧 베르겐 항구에서 철수했다.

독일군은 승세를 이어 서남쪽 해안의 스타방에르 항을 공격했다. 공군 폭격기 수십 대가 항구의 솔라 비행장을 교대로 폭격해 비행장 내 고사 기관총 진지를 파괴했다.

곧이어 독일 공군 수송기가 솔라 비행장 상공에서 공수부대 1개 대대를 투하해 신속하게 비행장을 점령했다. 이렇게 해서 독일군 비행기는 솔라 비행장에서 출격해 노르웨이 해안의 영국 함대와 영국 북부의 주요 해군 기지를 공격할 수 있게 됐다.

솔라 비행장이 점령되자 스타방에르 항의 수비군은 혼비백산해 저절로 와해됐고, 이에 독일 공수부대 1개 대대는 손쉽게 이 항구 도시를 점령할 수 있었다.

독일군은 경순양함 카를스루에호를 선두로 한 함대를 파견해 남부 해안의 크리스티안산 항을 공격했으나 항구 해안 포대의 맹렬한 포격을 받았다. 독일 함대가 연이어 두 차례나 공격했으나 성공하지 못하고 항구 밖에 머물렀다.

독일군은 함대의 공격이 실패하자 공군을 파견해 항구 해안 포대를 폭격했다. 빗줄기처럼 쏟아지는 폭탄에 해안 포대가 파괴됐고, 드디어 독일 함대가 항구에 들어섰다. 그날 오후 3시경, 독일군은 크리스티안산을 점령했다.

그날 저녁, 독일 카를스루에호 경순양함은 크리스티안산을 떠나던 중 항구에서 영국 잠수함의 어뢰에 맞아 침몰됐다.

침략의 주요 목표인 노르웨이 수도 오슬로를 점령하기 위해 독일군은 미니 군함 뤄초우호
와 새로 투입된 중순양함 블뤼허호를 선두로 한 대규모 함대를 파견했다.

오슬로 협만 입구에서 독일 함대는 노르웨이 기뢰 부설함 올라브 트리그바슨호의 습격을
받아 어뢰정 1척이 가라앉았고 경순양함 엠덴호가 큰 손상을 입었다.

오슬로 협만 포대에서도 독일 함대를 향해 포격했다. 포탄 일부는 독일 전함을 맞히고, 일부는 바다에 떨어져 물보라를 일으켜 독일 함대의 진로를 막았다.

오슬로 협만을 통과하려던 계획이 뜻대로 되지 않자 독일 함대는 전술을 바꿔 소수 병력을 측면에 상륙시켜 화력 장비로 해안 포대를 공격하게 했다. 협만 포대가 해안에 상륙한 독일군과 교전하는 사이 독일 함대는 협만 입구에 진입했다.

얼마 지나지 않아 협만 포대의 28cm 구경 크루프 대포가 또다시 독일 함대를 향해 포격했고 해안에서도 어뢰를 발사했다. 독일군의 뤄초우호가 포탄에 맞아 불이 났고, 1만 톤에 달하는 블뤼허호 순양함도 명중돼 폭발이 일어나면서 침몰했다.

블뤼허호 독일 함대 사령관 오스카 쿠메츠 해군 소장과 독일 보병 사단 에르빈 엥겔브레흐트 장군은 전함에 불이 나자 바다에 뛰어들어 해안으로 헤엄쳐 갔다.

물에 뛰어든 독일군 장병들은 겨우 해안으로 헤엄쳐 갔으나 곧바로 노르웨이군의 포로가
됐다. 전세가 기울어 돌이킬 수 없게 되자 독일의 오슬로 공격 함대는 철수했다.

독일 함대가 퇴각한 후 주오슬로 독일 대사관은 급히 베를린에 이 예기치 못한 상황에 대
해 보고하면서 신속한 지원 대책을 마련해 줄 것을 요청했다.

이에 베를린 최고사령부는 신속하게 지원군을 파병해 노르웨이 주요 도시를 점령하는 한편 낙하산병과 보병을 오슬로 포르네브 비행장에 공수착륙시켜 오슬로를 기습 공격할 것을 즉각적으로 결정했다.

베를린 최고사령부의 결정대로 독일 낙하산병과 보병이 방어가 미흡한 포르네브 비행장에 착륙했다. 비행장을 수비하고 있던 노르웨이 병사들은 제대로 공격도 해보지 못한 채 철수했다.

정오 무렵, 독일은 5개 보병 경장(輕裝) 중대를 포르네브 비행장에 집결시켰다. 오슬로에 이 소식이 전해지자 도시 전체가 두려움에 휩싸였다.

노르웨이 국왕 호콘 7세를 비롯한 왕실, 정부·의회 의원 등은 독일 공수부대가 착륙하기 전에 오슬로에서 북쪽으로 약 130km 떨어진 하마르로 피신했다. 노르웨이 은행의 황금을 가득 실은 차량 20대와 외교부 기밀문서를 실은 차량 3대도 함께 수도에서 빠져나갔다.

노르웨이 정부의 행동은 수도 오슬로의 혼란을 가중시켰다. 노르웨이 군대는 소집도 되지 않았고, 더욱이 방어진지에는 들어가 보지도 못했으며, 군중들은 공포에 떨어야만 했다. 독일군은 5개 중대의 보병 병력에 임시 구성한 군악대를 선두로 당당히 대혼란에 휩싸인 오슬로로 쳐들어갔다. 그리고 손쉽게 노르웨이 수도 오슬로를 점령했다.

9일 오후, 노르웨이 의원들은 하마르에서 대책회의를 열었다. 회의에 참석한 의원은 전체 의원 2백 명 중 195명으로 대다수 의원은 격앙된 분위기로 끝까지 독일에 맞서 싸울 것을 주장했다.

대책회의를 진행하던 중 독일군이 하마르에 접근하고 있다는 소식이 전해지자 회의는 즉시 중단됐다. 의원들은 국왕 호콘 7세, 왕실 가족과 함께 스웨덴 국경에서 얼마 떨어지지 않은 엘베룸을 향해 출발했다.

그날 저녁, 오슬로에서 노르웨이 전(前) 국방장관, 나치 스파이 크비슬링이 공개적으로 나라를 배반하고 독일에 항복했다는 소식이 엘베룸으로 전해졌다. 이 소식은 조금 전 이곳에 도착한 노르웨이 관료들을 더욱 불안에 빠트렸다.

크비슬링의 반역은 오히려 노르웨이 국민의 저항심을 부추겨 그들로 하여금 너도나도 무기를 들고 유격대에 들어가 적에 대항하도록 했다. 이로써 노르웨이가 스스로 항복하도록 만들려던 독일의 음모는 실패로 돌아갔다.

이튿날 오후 3시, 브로이어 주노르웨이 독일 대사는 히틀러의 명령에 따라 국왕 일행이 있는 엘베룸으로 가서 호콘 7세를 만나 회유와 위협으로 굴복시키려 했다.

독일 대사는 호콘 7세에게 "왕조를 유지시켜 줄 것이며 노르웨이의 저항은 어리석은 짓으로 더 큰 학살을 불러올 뿐"이라고 말했다. 호콘 7세는 "내각회의를 열어 결정되면 전화로 통지할 것"이라고 대답했다. 독일 대사는 오슬로로 돌아가 노르웨이 국왕의 답변을 기다렸다.

호콘 국왕은 즉시 왕실 가족, 내각, 의원들을 이끌고 엘베룸 근처의 뉘베르그순 마을로 피신해 그곳의 허름한 여관에서 전체 내각 성원을 소집해 국무회의를 열었다. 회의에서 국왕은 분노에 차 연설했고 의원들은 한목소리로 절대 항복하지 않기로 결정했다.

그날 저녁, 호콘 국왕은 전력이 약한 마을 방송국을 통해 강대한 히틀러의 제3제국에 도전했다. 그는 전 세계에 노르웨이는 절대로 항복하지 않을 것임을 선포하고, 전국의 3백만 국민에게 일어나 침략자와 맞서 싸워야 한다고 호소했다.

국왕과 내각 성원을 체포하려던 계획이 수포로 돌아가고, 설득해 항복시키려던 시도마저 실패하자 격노한 히틀러는 비행기로 뉘베르그순 마을을 무차별 공격해 그들을 없애려 했다.

4월 11일 밤, 독일 공군은 뉘베르그순 마을을 폭격했다. 순식간에 온 마을이 불바다로 변했고 나치 조종사들은 화염 속에서 뛰쳐나오는 사람들을 향해 기관총을 마구 쏘아댔다.

나치 비행기가 뉘베르그순 마을에 다다랐을 무렵 국왕과 정부 성원들은 이미 부근의 삼림 속에 피신했다. 그들은 눈앞에서 벌어지고 있는 독일 파시즘의 만행에 비통과 분노에 휩싸였다.

독일군 비행기가 돌아간 후 국왕, 정부 성원, 의원들은 아직 봄눈이 쌓여 있는 북쪽 산악 지대로 철수하기로 결정했다. 그들은 가파른 구드브란스달 계곡을 따라 북상해 험준한 산을 넘어 서북 해안의 온달스네스 성으로 가면서 길에서 만난 흩어졌던 병사들을 규합해 저항할 준비를 했다.

노르웨이 주요 항구들이 점령됨에 따라 영국군이 지원 및 반격을 개시했다. 4월 11일 새벽, 구축함 5척으로 구성된 영국 함대가 나르비크 항을 탈환하기 위해 진격했다. 그들은 독일군이 미처 준비하지 못한 틈을 타 재빨리 나르비크 항으로 쳐들어가 독일 함대를 포격했다.

항구 내에 있던 독일 구축함은 급히 응전했으나 얼마 안 돼 2척이 격침되고 3척이 손상을 입었으며, 격전 중에 독일 함대 사령관 번디 해군 소장이 사살됐다. 이 외에도 영국군은 독일 화물선 여러 척을 격침시켰다.

영국 함대는 항구 부두를 점령하지 않고 해변 독일군의 반격을 피해 자발적으로 나르비크 항에서 철수했다. 그러나 항구를 떠나자마자 부근 협만에서 나오던 다른 독일 구축함 5척의 공격에 맞닥뜨렸다.

독일 구축함의 화력이 영국 함대보다 우세했으므로 영국군의 구축함 1척이 격침되고 다른 1척은 좌초됐으며, 함상 사령관 워버스턴 리 상교가 치명적인 부상을 입었다.

영국 함대는 구축함 2척을 잃고 3척만이 먼 바다로 퇴각했다. 영국 구축함은 철수하는 중에 무기와 탄약을 가득 싣고 나르비크 항으로 가는 독일 대형 화물선을 격침시켰다.

4월 13일 정오, 영국은 제1차 세계대전 중 유틀란트 반도 전선에서도 전혀 손상이 없었던 워스파이트호 전함을 선두로 한 구축함대를 나르비크 항으로 보냈다. 그들은 보복성 습격을 가해 나머지 독일 군함을 전부 섬멸했다.

영국 함대 지휘관 휘트워스 해군 중장은 주력 상륙부대로 즉시 나르비크를 점령할 것을 주장했으나, 신중한 육군 지휘관 맥케시 소장은 나르비크에 상륙하는 것은 모험이라고 판단해 군대를 움직이지 않았다.

이튿날, 맥케시는 3개 보병중대의 선견부대를 거느리고 나르비크에서 북쪽으로 약 50km 떨어진 하르스타드에 상륙했다. 당시 그곳은 아직 독일에 점령되지 않았으므로 상륙은 순조로웠다.

그러나 하르스타드는 고립된 거점이었으므로 방어하기 쉽지 않았다. 며칠 지나지 않아 독일의 공습 때문에 영국·노르웨이 군대는 해상으로 철수했다.

노르웨이의 기타 항구 도시에서 영국군의 신속한 대응이 부족했던 탓에 영국 지상부대가 함정으로 스타방에르, 베르겐, 트론헤임에 상륙하려고 했을 때는 이미 모든 항구가 독일군에게 점령된 후였다.

4월 20일, 트론헤임을 탈환하기 위해 영국군 1개 여단이 프랑스 알프스 경기병(輕騎兵) 3개 대대의 지원을 받아 트론헤임에서 동북쪽으로 약 130km 떨어진 작은 항구 남소스에 상륙했다.

동시에 또 다른 영국 여단은 트론헤임에서 서북쪽으로 160km 떨어진 온달스네스에 상륙해 남북으로 트론헤임을 협공하기 위한 준비를 갖추었다.

그러나 제공권을 독일군이 장악하고 있고 더하여 야전포, 고사포 및 공군의 지원이 부족한 상황에서 남소스와 온달스네스에 상륙한 영국군은 독일 공군의 밤낮 없는 융단 폭격을 당해야 했다. 또한 보급품과 증원이 미처 따라가지 못하다 보니 트론헤임 협공을 실행할 수 없었다.

4월 21일, 하마르 이북의 릴레함메르를 공격하던 독일군은 영국 1개 여단과 치열한 전투를 벌였다. 대포를 수송하던 화물선이 독일 공군에 격침된 탓에 영국군은 보총과 기관총만으로 대포와 경형 전차로 무장한 독일군과 싸울 수밖에 없었다.

공군 지원이 없었던 영국군은 부근의 노르웨이 비행장에서 출동한 독일 공군의 폭격을 쉼없이 받아야만 했다. 24시간여의 격전 끝에 힘이 부친 영국군은 22일에 할 수 없이 후퇴했고, 독일군은 릴레함메르를 점령했다.

릴레함메르에서 철수한 영국군과 노르웨이의 잔류 부대는 계곡 철도선을 따라 온달스네스로 이동해 이틀 전 이곳에 상륙한 또 다른 영국 여단과 합류했다. 4월 28일, 영국군을 추격해온 독일군이 온달스네스에 도착하자 이미 합류한 2개 영국 여단은 또다시 온달스네스에서 철수했다.

이들은 동쪽으로 약 100km 정도 떨어진 돔바스에서 노르웨이 부대와 합류해 적당한 때를 기다리기로 했다. 얼마 후 노르웨이의 정세는 더욱 나빠졌고 영국군은 어쩔 수 없이 북상하여 해상으로 철수했다. 이렇게 트론헤임을 협공하려던 영국군의 계획은 무산됐고 얼마 지나지 않아 남소스에 상륙했던 영국 여단도 해상으로 철수해 본국으로 돌아갔다.

노르웨이의 정세는 갈수록 악화됐다. 4월 29일 밤, 몰데로 피신한 노르웨이 국왕과 내각 성원들은 또다시 영국 순양함 글래스고호를 타고 트롬소에 도착했다. 5월 1일, 노르웨이 국왕은 이곳을 임시 수도로 정했다.

5월 2일 이후, 노르웨이 남부의 주요 도시가 연이어 독일군의 수중으로 들어갔고, 북부에 서는 오직 나르비크만이 독일군에 점령됐다.

영국군은 독일군이 노르웨이 북부에 심어 놓은 이 거점을 제거하려 했다. 그들은 프랑스와 함께 대규모 나르비크 반격전을 준비했다. 영국은 강력한 상륙부대를 집결시켜 나르비크로 향했다.

프랑스는 2개 대대의 외국 군단을 파견해 영국군의 나르비크 상륙을 협조했다. 5월 4일, 그들은 영국 전함을 타고 프랑스 북부 항구에서 출발했는데, 여기에는 프랑스에 망명하고 있던 폴란드인으로 구성된 1개 여단도 포함됐다.

노르웨이 군대는 북부 지역에서 다시 집결해 2개 여단을 조직하고 영·프 연합군의 나르비크 점령 작전에 참가하려 했다.

5월 10일, 독일이 서유럽의 네덜란드, 벨기에, 프랑스를 침공함으로써 전쟁의 규모는 걷잡을 수 없이 커졌고, 영·프는 일방적으로 공격당하는 곤란한 지경에 처했다. 이런 상황에서도 영·프는 이미 진행하고 있던 노르웨이에서의 나르비크 반격전을 계속 이어갔다.

5월 28일, 영국군을 비롯한 프랑스, 노르웨이, 폴란드 군대가 포함된 2만 5천 병력의 연합군이 나르비크 수복전을 개시했다.

나르비크를 수비하고 있던 독일군 지휘관 디틀은 2천여 명을 거느리고 연합군과 격전을 벌였으나 병력이 턱없이 부족했기 때문에 그날로 나르비크에서 쫓겨나 스웨덴 국경 지대의 황야로 도망쳤다.

연합군의 나르비크 반격전은 승리를 거두었으나 그 시각 독일군은 서유럽에서 연전연승을 거듭하고 있었다. 네덜란드, 벨기에, 룩셈부르크가 연이어 점령됐고 프랑스 북부의 대부분 지역도 독일군의 수중에 들어갔다.

며칠 뒤 나르비크를 점령했던 연합군은 점령 지역을 포기하고 서둘러 함선에 올라 위태로운 상황에 내몰려 있는 서유럽으로 돌아갔다.

6월 7일, 호콘 국왕과 노르웨이 정부도 트롬소에서 영국 순양함 데번셔호를 타고 런던으로 향했다. 이후 국왕은 런던에서 5년 동안 고달픈 망명 생활을 보내야만 했다.

6월 8일, 스웨덴 국경 지대 황야로 도망쳤던 독일군 사령관 디틀과 그의 군대가 영·프 연합군이 떠난 나르비크 항으로 되돌아왔다.

그날 영 · 프 연합군이 서유럽으로 돌아간 것에 격분한 노르웨이 군대는 루게 상교의 인솔
아래 독일군에 항복했다. 이로써 노르웨이 전체가 점령됐다.

덴마크와 노르웨이를 손에 넣은 독일의 전략적 위치는 더욱 공고해졌다. 독일은 덴마크,
노르웨이로부터 식량과 기타 물자를 얻을 수 있을뿐더러 스웨덴에서 오는 철광석 수송선
의 안전을 보장받게 됐다.

독일이 전쟁을 시작했을 때 곧바로 중립을 선포했던 스웨덴은 독일군이 노르웨이를 점령하고 자국의 국경 지대에 접근하자 대내외 정책에 커다란 변화를 주었다. 스웨덴 정부는 대내적으로 반파시즘 운동을 억압하고 파시즘에 반대하는 홍보물의 출판 및 군중집회를 금지시켰다.

스웨덴은 대외적으로 독일 파시즘 편으로 기울어 추축국과 연합국의 '조정자'로서 독일을 비호하며 그들에게 영·프의 작전 정보를 제공했다.

스웨덴 정부는 독일이 요구하는 대로 독일군이 스웨덴 영토를 통과해 부대와 군수품을 나르비크 지역과 핀란드 북부로 수송할 수 있게 했다.

스웨덴 정부는 전쟁 기간 내내 끊임없이 독일에 철광석과 목재를 제공해 사실상 히틀러의 침략 전쟁을 도왔으며 독일 세력 범위 내의 종속 국가나 다름없이 활동했다.

북유럽 각 나라를 정복한 후, 독일은 해상에서 가장 가까운 거리로 영국을 공격할 수 있게 됐고 함대가 북해를 거쳐 대서양으로 나아갈 수 있는 통로도 마련하게 됐다.

독일은 유리한 전략적·지리적 위치에 서게 됐고 후방에 대한 우려도 해소했으므로 영국과 프랑스를 비롯한 서유럽 각 나라를 쓸어버리기 위해 더욱 속도를 냈으며, 룩셈부르크, 네덜란드, 벨기에, 프랑스가 연이어 점령됐다.

발칸 반도는 전략적으로 매우 중요한 위치에 있었으므로 독일·이탈리아 파시스트 연합은 일찍부터 이곳에 눈독을 들이고 있었다. 1939년 4월, 이탈리아가 먼저 반도 내 가장 작은 나라인 알바니아를 점령하고, 이를 발판으로 그리스를 침공했다. 1941년 상반기, 나치 독일은 침략 전쟁을 확대하기 위해 루마니아, 불가리아, 유고슬라비아를 위협해 독·이·일 추축국 군사동맹에 가입시키고, 곧이어 이탈리아 등과 함께 유고슬라비아와 그리스에 대한 대규모 공격을 개시했다. 유고슬라비아와 그리스 양국 군민들은 필사적으로 저항했으며, 영국도 원정군을 파견해 그리스를 지원했다. 그러나 추축국이 유고슬라비아와 그리스를 점령하고, 지중해 수륙 통로까지 장악함으로써 침략 전쟁은 더욱더 확대됐다.

글·가오핑중(高平仲)
그림·뤄페이위안(羅培源)

그림으로 읽는 제2차 세계대전 **5**

전쟁의 세계화 1

독일의 발칸 침공

2

제2차 세계대전 유럽전쟁이 시작되기 전부터 독일·이탈리아 파시즘은 침략 전쟁의 필요
에 따라 알바니아, 루마니아, 불가리아, 유고슬라비아, 그리스 등 발칸 반도 각국을 침략하
려 했다. 중요한 전략적 위치에 있는 이들 국가는 지중해 지역과 북아프리카를 공략할 수
있는 발판이 될 뿐만 아니라 소련을 침공하는 데 있어 남쪽 기지가 될 수도 있었다.

독·이 양국은 서로 발칸 반도를 독점하기 위해 암투를 벌였다. 1939년 봄, 이탈리아 수상
무솔리니는 동아프리카 아비시니아를 점령한 후 독일보다 먼저 발칸 반도를 장악하려 했
다. 그는 우선 알바니아를 점령해 그리스를 공격하는 발판으로 삼은 다음 유고슬라비아로
하여금 중립을 취하도록 하려 했다.

4월 7일 새벽녘, 이탈리아는 알바니아 국왕에게 항복하라는 최후통첩을 보냈다. 알바니아 정부는 이탈리아의 무리한 요구를 거절했다.

무솔리니는 즉시 돌격부대 4개 대대, 정예보병 1개 사단, 공군 9개 대대 및 해군 함대를 출동시켜 알바니아를 기습 공격했다.

당일, 이탈리아 군대는 알바니아의 두르세스 항에 상륙해 해안선을 따라 침입했다.

알바니아 군대는 이탈리아 군의 공격을 막아내지 못했다. 조그 국왕과 왕후는 다급한 상황으로 내몰리자 태어난 지 5일 된 아들을 안고 그리스로 망명했다.

독립된 알바니아는 이제 더 이상 존재하지 않는다.

이튿날, 이탈리아 기갑부대가 알바니아 수도 티라나로 진격했고, 4월 12일, 알바니아 전체가 이탈리아에 점령됐다. 무솔리니의 사위이자 외무장관인 치아노는 득의양양해서 자신의 일기에 "독립된 알바니아는 이제 더 이상 존재하지 않는다"라고 적었다.

알바니아를 점령한 이탈리아는 곧이어 그리스를 공격하려고 알바니아에 포라지크 장군이 지휘하는 이탈리아군 15만 7천 명을 집결시켰다. 그중 그리스를 공격하는 데 투입되는 병력은 8만 7천 명이고, 이 외에도 전차 160여 대, 화포 680여 문, 작전 비행기 380대가 동원됐다.

4월 20일, 주베를린 이탈리아 대사는 전화로 외무장관 치아노에게 독일의 폴란드 침공이 곧 시작됨을 알려왔다. 치아노는 이탈리아의 입지를 더욱 굳건히 하기 위해 즉시 대사에게 리벤트로프 독일 외무장관과의 회담을 주선해 달라고 요청했다.

5월 22일, 독일 · 이탈리아 양국 외무장관이 베를린에서 회담을 열고 정식으로 군사동맹조약인 '강철조약'을 체결했다. 조약에서 양국은 "상호 신봉하는 주의의 내적 혈연관계를 위해 단결하며 일치된 행동으로 협력해 나갈 것을 굳게 결의한다"라고 규정했다.

이튿날, 무솔리니는 로마에서 군사회의를 열고 이미 점령한 알바니아에서 출병해 그리스를 침공하기로 결정했다.

무솔리니의 그리스 침공이 한창 준비 중인 가운데, 9월 1일, 히틀러가 폴란드를 침공했다. 곧 영·프가 대독일 선전 포고를 했고 제2차 세계대전이 전면적으로 발발했다.

독일군은 재빨리 폴란드를 점령하고 서부전선으로 방향을 바꿔 진격했다. 1940년 상반기, 독일군은 북유럽과 서유럽을 연이어 공략한 후 곧바로 침략의 총구를 발칸 반도 각국으로 돌렸다.

1940년 9월 6일, 루마니아 파시스트 안토네스쿠가 히틀러의 지지를 등에 업고 쿠데타를 일으켜 친독일 괴뢰 정부를 건립했다.

9월 20일, 독일은 '군사사절단'이라는 명목으로 군대를 루마니아 군사 요충지에 주둔시켰다.

독일·이탈리아는 계속 확대되는 침략 전쟁에서 미국과 소련을 견제하기 위해 중국에서 전쟁 중인 일본과의 결탁을 서둘렀다. 9월 27일, 독일의 수도 베를린에서 양국이 일본과 '독·이·일 3국 동맹조약'을 체결함으로써 추축국 동맹이 정식으로 이루어졌다.

추축국 군사동맹조약을 체결한 후 히틀러는 발칸 각국 침략을 가속화했다. 10월 7일, 독일군은 또다시 '군사 교관'을 파견한다는 구실로 루마니아에 파병했고, 곧이어 10월 12일 루마니아 전체를 점령했다.

무솔리니는 히틀러가 사전에 아무 말 없이 루마니아를 점령한 데 대해 불만을 품었다. 10월 15일 아침, 무솔리니는 베네치아 궁에서 열린 군사수뇌회의에서 대형 군용 지도를 가리키며 그리스의 중요성, 사용 가치 및 그리스 점령의 전략적 의의를 설명했다.

열띤 토론을 거쳐 최종적으로 그리스 침공 날짜를 10월 28일로 정했다. 무솔리니는 히틀러에게 편지로 그리스 침공 계획을 통보했다.

10월 28일 동트기 전, 주아테네 이탈리아 대사는 그리스 수상 메탁사스 장군에게 최후통첩을 보내 이탈리아군에게 그리스 전체를 개방할 것을 요구했다. 이와 동시에 이탈리아군은 알바니아에서 출발해 그리스로 진군했다.

이탈리아군은 포라지크 장군의 지휘 아래 병사 8만 7천 명, 전차 147대, 화포 656문, 비행기 380대를 동원해 그리스의 카스토리아와 플로리나 두 방향으로 공격했으며, 신속하게 그리스 변경 방어선을 돌파해 그리스군은 남쪽으로 후퇴했다. 이탈리아군은 곧장 그리스 내륙 50km 안쪽까지 쳐들어갔다.

그리스는 영국의 지중해 동부에 위치한 크레타 섬 해군 기지 및 이집트 알렉산드리아의 안전과 직접 연관되기 때문에 영국은 일찍부터 그리스와 상호원조조약을 체결했다. 그리하여 이탈리아가 그리스를 침공하자 즉시 웰스 장군을 지휘관으로 임명하고 육군 6만 7천 명, 9개 공군대대를 포함한 그리스 원정군을 조직해 그리스 전선에 참가했다.

그리스를 침공한 이탈리아군은 그리스 군민의 거센 저항에 부딪혔다. 총사령관 파구스 장군이 이끄는 그리스군은 이탈리아군의 좌익이 노출되자 즉시 반격을 가했고, 영국군은 그리스군과 함께 이탈리아군의 맹렬한 공격을 저지했다.

11월 7일, 이탈리아군 최고사령부는 적극적인 대응을 중지하고 새로운 공격을 준비하라고 명령했다. 그리스 전선은 일시적인 소강상태로 접어들었다.

영국군은 전선이 잠시 잠잠해진 시기를 이용해 전략적 의의가 큰 크레타 섬에 공수부대를
진주시키고 수비군을 증원해 독일 · 이탈리아 군대의 공격을 방어하려 했다.

동시에 그리스 사령부는 신속하게 12개 보병사단과 2개 기병사단, 3개 보병여단을 집결시
키고, 11월 14일 마케도니아 일대에서 전면 반격을 개시했다.

그리스군의 반격에 이탈리아군은 거듭 패하여 후퇴했고, 11월 21일 주알바니아 이탈리아군 사령관은 군대에 철수 명령을 내렸다. 그리스군은 승세를 이어 이탈리아군을 국경 밖으로 몰아냈다.

그리스군은 그리스·알바니아 국경을 넘어 두껍게 쌓인 눈을 밟아가며 이탈리아군을 추격했다. 그리스군은 알바니아 유격대와 힘을 합쳐 대량의 적군을 섬멸했다. 눈밭에는 죽거나 부상당한 이탈리아 병사들이 이리저리 너부러져 있었고, 사방에는 그들이 미처 가져가지 못한 무기와 보급품이 가득했다.

11월 22일, 그리스군은 알바니아의 코르처를 점령하고 두르세스 산맥 북부의 중심 작전 구역에서 치열한 전투를 벌여 이탈리아군 1개 산악사단을 전멸시켰다. 연해 지역에서 이탈리아군은 공격하자마자 참패를 당해 황급히 크라마스 강을 따라 퇴각했다.

이탈리아의 그리스 침공이 실패한 것을 본 히틀러는 한발 앞서 발칸 지역을 장악하기 위해 11월 20일부터 24일까지 루마니아, 헝가리, 체코슬로바키아를 위협해 추축국 군사동맹에 가입시켰다. 이로써 독일의 발칸 점령에 한층 더 유리한 조건이 마련됐다.

11월 말, 이탈리아군과 그리스군의 교전에서 6분의 5의 전장이 이탈리아가 점령한 알바니아 지역으로 옮겨졌다.

이에 이탈리아 최고사령부는 주알바니아 이탈리아군을 증원 및 개편했다. 새로 편성된 제 9 · 11 집단군을 '신알바니아집단군'으로 합병하고 사령관에 부참모장 소두 장군을 임명해 그리스군의 반격을 저지하기로 했다.

이 기간 동안 발전을 거듭한 알바니아 유격대 또한 이탈리아군의 후방을 끊임없이 교란하고 습격했다. 이탈리아군은 그리스군과 알바니아 군민의 협공을 받아 수차례 패하여 곤경에 빠졌다.

이탈리아군이 계속 패하자 격노한 무솔리니는 나약하고 무능한 비스콘티 육군 총사령관과 자코모니 주알바니아 부총독 두 패전 장군을 교체하고, 카발레로 장군을 총참모장으로 임명했으나 그 역시 전세를 뒤집지는 못했다.

12월 말, 날씨가 추워지자 그리스군은 잠시 공격을 중지하고 진지전을 벌여 이탈리아군을
타격했다. 이탈리아군이 여러 차례 공격했으나 줄곧 그리스군 방어선을 돌파하지 못했고,
아무런 진전이 없자 무솔리니는 크게 상심했다.

1941년 1월 10일, 무솔리니는 로마로 갓 돌아온 주독일 대사를 만나 19일에 독일 베르히
테스가덴에서 열리게 될 양국 정상회담에 대해 의논했다. 무솔리니는 이를 기회로 생각하
고 흥분해서 새로운 공격을 준비했다.

무솔리니는 총참모부와 의논해 2개 정예사단을 그리스로 파견해 새로운 공세를 펼쳤다. 그러나 며칠 만에 이탈리아군의 공세는 저지당해 막대한 피해를 입었으며 많은 병사가 적의 포로로 잡혔다.

무솔리니는 어쩔 수 없이 히틀러에게 도움을 청하기 위해 치아노 외무장관과 함께 기차를 타고 독일로 향했다. 푸츠 역에 도착하니 히틀러와 리벤트로프 외무장관이 기다란 가죽외투를 입고 추운 날씨에 그들을 기다리고 있었다. 기차에서 내린 무솔리니는 히틀러와 악수하며 가까스로 미소를 지었다.

무솔리니는 히틀러와 회담을 마친 후 귀국해 재차 새로운 공격을 준비했다. 그는 7개 사단을 집결시키고 폭격기 160대, 전투기 159대를 동원해 32km에 달하는 전선에서 그리스군을 향해 공세를 펼쳤다. 무솔리니는 독일이 개입하기 전에 승리를 거머쥐려고 했으나 또다시 그리스군의 반격으로 저지됐고 양군은 대치 국면에 접어들었다.

이탈리아군이 그리스에서 재차 실패하자 히틀러는 재빨리 군대를 파견해 그리스를 점령하기로 했다. 지난해(1940년) 12월 13일에 내렸던 그리스 침공 제20호 지령 '마르테타 작전'에 따라 독일은 루마니아에 집결해 있던 군대를 이동시켜 불가리아를 거쳐 그리스에 침입하기로 했다.

'마르테타' 작전

이를 위해 히틀러는 불가리아의 그리스에 대한 영토 확장 야심을 이용해 그들의 영토 요구를 수락하는 조건으로 불가리아를 마르테타 작전에 참여하도록 했다. 이에 따라 1941년 2월 8일, 독일 · 불가리아 양국은 독일군이 불가리아 국경을 통과할 수 있다는 협정을 체결했다.

이와 함께 히틀러는 신속하고 '평화적으로' 유고슬라비아를 점령하고자 했다. 2월 15일, 츠빗코비치 유고슬라비아 수상과 마르코비치 외무장관을 독일의 베르히테스가덴에 특별히 초청해 회담을 가졌다. 히틀러는 회담에서 유고슬라비아에 추축국 군사동맹에 가입할 것을 요구했다.

2월 28일 밤, 히틀러는 그리스 침공을 위해 루마니아에 주둔해 있던 30만 독일 병력이 다뉴브 강을 건너 불가리아로 들어가 전략진지에 진입할 것을 명령했다.

독일군이 불가리아에 진입한 이튿날, 즉 3월 1일 독일 파시즘은 불가리아 역시 강압적으로 추축국 동맹에 가입시켜 독일 · 이탈리아의 속국으로 만들었다.

동시에 히틀러는 유고슬라비아를 자기 진영으로 끌어들이기 위해 각종 유인·기만 수단을 동원했다. 2월 15일 회담 이후, 3월 5일에는 유고슬라비아 섭정 왕 파울 친왕을 베르그호프에 초청해 '협상'하면서 만약 협상이 성공적으로 끝나면 그리스의 테살로니키를 유고슬라비아에 주기로 약속했다.

3월 22일, 유고슬라비아 정부와 빨리 협상을 마치기 위해 독일은 최후통첩을 내렸다. 3월 25일, 유고슬라비아의 츠빗코비치와 마르코비치는 서둘러 비엔나로 가 히틀러 앞에서 서명하고 추축국 군사동맹에 가입했다.

수상이 추축국 군사동맹조약에 서명했다는 사실을 전해들은 유고슬라비아 군중들은 수도
와 기타 여러 도시에서 격렬한 반파시즘 시위행진을 벌였다. 군중들은 독일 대사의 자동
차에 침을 뱉으며 성난 목소리로 외쳤다. "전쟁을 할지언정 협정은 싫다!", "노예가 되느니
차라리 죽음을 택하겠다!", "협정을 체결한 매국노를 타도하자!"

3월 27일 이른 새벽, 유고슬라비아 공군 사령관 시모비치 장군을 비롯한 군관들이 군중들
의 반파시즘 분위기에 기대어 쿠데타를 일으키고 섭정 왕 파울과 내각 성원들을 국경 밖
으로 추방했다.

3월 27일, 쿠데타 집단은 17세의 왕태자 페타르 2세를 유고슬라비아 국왕으로 선포하고 섭정 의회를 해산시켰다. 또한 시모비치가 새로운 내각을 수립하고 유고슬라비아의 중립을 선포하는 동시에 전(前) 정부가 독일 · 이탈리아와 맺은 동맹 관계를 무효화했다.

쿠데타 소식을 전해듣고 격노한 히틀러는 유고슬라비아를 철저히 망가뜨려 다시는 한 국가로서 존재하지 못하게 할 것이라고 큰소리쳤다.

그날 저녁, 히틀러는 총통 관저에서 군사수뇌회의를 열고 대처 방법을 논의했다. 회의에서 히틀러는 유고슬라비아 쿠데타가 '마르테타 작전'뿐만 아니라 '바바로사 작전'까지 위협했으므로 '무자비하게' 유고슬라비아를 처단해야 한다고 강조했다.

회의가 끝난 후 히틀러는 고급 장성들에게 유고슬라비아 침공 제25호 지령을 발포했다. 독일 최고사령부 작전부장 요들 장군은 명을 받고 그날 즉시 작전 계획을 세웠다.

히틀러는 그날 저녁 요들 장군이 미처 군사 작전 계획을 완성하기도 전에 무솔리니에게 긴급 전보를 보내 반드시 모든 수단을 동원해 이탈리아 - 유고슬라비아 전선에 군대를 증원하라고 요구했다.

4월 2일 이른 새벽, 긴급한 군사 상황에 대비하고 독일 파시즘에 저항하기 위해 유고슬라비아 새 정부는 소련과 우호 및 상호불가침 조약을 체결해 독일을 견제했다.

4월 6일 새벽, 독일군은 제12·2 집단군과 제1기갑군 총 32개 사단 병력과 비행기 1천5백여 대를 동원해 리스트 원수의 지휘 아래 그리스와 유고슬라비아를 동시에 공격했다. 이탈리아와 헝가리 군대도 보조적인 위치에서 유고슬라비아를 공격했다.

독일 폭격기는 유고슬라비아 비행장 및 수도 베오그라드를 무차별 폭격했는데, 이 폭격으로 인해 일반인 1만 7천여 명이 사망했다. 불바다가 된 베오그라드는 거의 폐허가 되다시피 했다.

4월 7일, 불가리아에서 출동한 독일 제12집단군은 각각 3개 지역에서 유고슬라비아에 진입해 남쪽의 스코페, 슈티프, 벨레스 등 도시를 점령했다.

불가리아의 소피아 서쪽 지역에서 유고슬라비아를 공격했던 독일 제1기갑군은 4월 8일에 니시를 점령한 후 계속 진격해 남쪽에서 베오그라드를 위협했다.

독일 제2집단군은 유고슬라비아 서북쪽에서 맹공격해 크로아티아와 슬로베니아 지역의 유고슬라비아 군대를 무력화시켰다. 이렇게 여러 방향에서 침입한 독일군은 신속하게 진격해 수도 베오그라드의 교외 가까이까지 접근했다.

4월 11일, 이탈리아와 헝가리 군대도 베오그라드로 진격했다. 4월 12일, 독일군이 베오그라드 성을 맹렬히 공격하기 시작했다.

4월 14일, 며칠 전 남부 코토르로 피신했던 유고슬라비아 국왕 페타르 2세와 대신, 장군들은 국고의 황금을 챙겨 영국의 '선덜랜드'식 수상 비행기를 타고 그리스로 도망쳤다.

4월 15일, 독일군과 이탈리아군이 베오그라드 지역에서 합류해 공세를 더욱 강화했으며 성안으로 공격해 들어가 결국 베오그라드를 점령했다.

이렇게 12일간 지속된 독일·이탈리아의 침략 전쟁에 대한 유고슬라비아의 저항은 끝이 났고, 4월 17일 사라예보에서 항복조약을 체결했다. 유고슬라비아를 점령한 독일은 온갖 약탈을 자행해 대량의 중요한 물자와 전리품을 자국으로 가져갔다. 또한 히틀러는 유고슬라비아의 몇몇 변경 지대를 이탈리아, 헝가리 등 부속 국가에 분할해 주었다.

용감한 유고슬라비아 국민들은 결코 추축국에 굴복하지 않고, 티토가 이끄는 유고슬라비아 공산당의 지도 아래 적극적으로 반파시즘 투쟁을 벌여 침략자들을 공격했다.

독일군이 유고슬라비아 침공을 개시한 날, 즉 4월 6일 리스트 장군이 지휘하는 독일 제12 집단군의 기갑병과 보병은 이탈리아군과 함께 불가리아 국경을 넘어 그리스로 진입했다. 동시에 유고슬라비아에서 남하한 또 다른 독일 군대도 신속하게 그리스 국경에 진입했다.

독일군이 스트루마 강을 따라 방어선을 돌파하고 전략적 요충지인 테살로니키를 공격할 것을 예상한 그리스군이 이 일대의 방어력을 강화했으므로 독일군의 공격은 별다른 진전 이 없었다.

독일군은 정면 공격이 통하지 않자 측면 전술을 사용해 유고슬라비아의 바르다르 강을 따라 그리스군의 방어선 측면과 후방을 공격하자 방어선을 지키고 있던 그리스군과 영국의 그리스 원정군은 급히 철수했다.

그리스군과 영국군이 철수해 독일군은 빠르게 테살로니키에 쳐들어갔고, 이로 인해 불가리아 변경에서 방어하고 있던 그리스군은 고립됐다.

4월 9일, 테살로니키가 독일군에 점령됐고 그리스의 동마케도니아집단군이 항복했다. 독일군은 또다시 측면 공격으로 서쪽 모나스티리 협곡을 거쳐 그리스 서해안으로 진격해 뒤쪽에서 이탈리아 – 그리스 전선의 그리스군을 위협하는 한편 측면에서 그리스·영국 중앙집단군을 포위했다.

4월 12일, 그리스군 총지휘부는 전세가 불리하게 돌아가자 알바니아에서 싸우던 그리스군을 국내로 철수시켰다. 이때, 유리해진 상황을 이용해 이탈리아군 22개 사단이 반격하면서 그리스 국경에 진입했다. 이후부터 그리스군과 영국군의 상황은 갈수록 더욱 악화됐다.

4월 16일, 영국 원정군과 그리스 중앙집단군은 독일군에게 밀려 올림푸스 산 이남으로 퇴각했다. 이로 인해 알바니아에서 철수해 귀국하던 그리스군 주력이 고립돼 적에게 포위되고 말아, 4월 21일 독일군에 항복했다.

군사적 실패로 인해 그리스 통치 집단과 군대 지도층 내부에 갈등이 생겼고, 4월 19일 코리지스 그리스 수상이 스스로 목숨을 끊었다.

발칸 전역에서의 승패가 이미 확실했기 때문에 영국 원정군 사령관 윌슨 장군은 그리스에서 신속히 철수하기로 결정하고, 영국군 및 일부 그리스군을 그리스 남부의 펠로폰네소스 반도로 이동시켰다.

이 무렵 영국 그리스 원정군 5만 8천 명 중 이미 1만 2천 명이 전사하거나 부상당했고, 나머지 병력과 일부 그리스군은 바다로 해서 북아프리카와 크레타 섬으로 철수했다.

4월 23일, 전세를 뒤집을 수 없는 상황이었으므로 그리스 정부는 어쩔 수 없이 독일 · 이탈리아 추축국 군대에 대한 항복서에 서명했다.

그리스가 항복하고 사흘째 되는 날, 즉 4월 25일 히틀러는 제28호 지령 '머큐리 작전' 실행 명령을 하달했는데, 이번에는 먼저 공수부대로 섬 안의 비행장 3곳을 점령한 후 주력부대를 착륙시키는 항공 작전으로 크레타 섬을 점령한다는 계획이었다.

4월 27일, 독일군의 전차가 아테네로 쳐들어갔고 유명한 아크로폴리스에는 나치 깃발(卍)이 나부꼈다. 독일군 군관들은 아크로폴리스에서 아테네 풍경을 내려다보았다.

4월 29일, 독일·이탈리아 군대가 크레타 섬을 제외한 그리스 전체를 점령했고, 4월 30일 독일은 틀라코글로우 장군을 그리스 괴뢰 정부 총리로 임명했다. 이후 독일군의 군사 목표는 크레타 섬을 점령하는 '머큐리 작전'에 집중됐다.

머큐리 작전을 위해 독일군은 제7공군사단, 제5산지보병사단 및 제4항공대대의 각종 비행기 1천2백 대를 동원해 총 1만 6천 병력을 섬에 공수착륙시키는 외에 함정 70척으로 7천 명의 병사를 해상 상륙시키려 했다. 이번 작전은 알렉산더 해군 상장이 지휘했다.

에게 해 남단 중앙에 위치한 크레타 섬은 독일·이탈리아에게는 눈에 거슬리는 곳이었고 영·미에게는 이집트와 몰타 섬의 중요한 최전선 거점이었다. 따라서 동지중해의 크레타 섬에서 양측은 뜨거운 쟁탈전을 피할 수 없었다.

독일군이 아테네를 점령한 후 영국 정보기관은 추축국 세력이 해상, 항공으로 크레타 섬을 공격할 것이라는 정보를 입수했다. 처칠 수상은 즉시 이 정보를 중동 영국 주둔군 총사령관 웨벨 장군에게 통지하고, 그에게 전투 준비를 강화해 섬을 사수하고 적군 공수부대를 섬멸하라고 명령했다.

5월부터 영국군은 크레타 섬의 방어를 강화하고 각종 유형의 화포, 전차 및 군용 물자를 크레타 섬으로 수송했다. 이때 방어에 참가한 병력은 영국군, 오스트레일리아군, 뉴질랜드군을 합해 모두 2만 8천6백 명, 그리고 그리스 수비군 1만 명이 있었으며, 이들 연합군 총사령관은 프레이버그 장군이었다.

5월 20일 동틀 무렵, 크레타 섬 전투가 시작됐다. 독일 항공병은 크레타 섬 서쪽의 말레메 비행장 및 그 주위 거점인 동부 이라클리온, 중부 레팀논, 수다카니어 등지를 무차별 폭격했다.

독일군은 폭격이 멈추기도 전에 대규모의 활공기와 군용 비행기를 말레메 비행장 서쪽에 착륙시켰고, 오전 9시경, 비행기로 말레메와 카니어 사이 지역에 대량의 공수부대를 투하했다.

당일 오전 독일군 비행기가 말레메와 카니어 사이 및 그 부근에 공중 투하해 착륙한 공수부대는 5천여 명에 달했다. 그들은 말레메 비행장을 점거하려 했으나, 영연방군 및 그리스군의 포격과 목숨을 건 육박전으로 대부분의 공수대원들이 모두 전사했다. 밤이 깊어질 때까지 수비군은 여전히 비행장을 사수했다.

5월 21일 이른 아침, 독일군은 계속 공세를 이어갔고 수송기가 또다시 크레타 섬 상공에 다다랐다. 말레메 비행장 상공은 여전히 영연방군·그리스군의 밀집한 고사포 포화에 의해 통제됐으나 독일군 수송기는 포화를 무릅쓰고 비행장 및 동쪽 울퉁불퉁한 지상에 착륙해 수비군에 맹렬한 공격을 퍼부었다.

5월 20·21일, 독일군은 공군 공격과 함께 최고사령부의 명령대로 해상 상륙을 실행했으며 주요 병력을 수다 만 지역 공격에 투입했다.

영국 해군 소장이 지휘하는 전함 위스파이트호와 밸리언트호 및 구축함 8척이 엄호하는 강대한 함대가 섬의 서쪽에 배치돼 이탈리아 함대를 감시했다.

21일 낮, 영국 함대는 독일 공군의 맹렬한 공습을 받았으며 구축함 유노호가 폭격에 맞아 침몰해 막대한 피해를 입었다. 순양함 에이전스호와 오리온호도 배 일부가 파손됐으나 계속해서 필사적으로 전투에 임했다.

21일 밤 11시 30분, 그레니 영국 해군 소장이 지휘하는 순양함 다이드호, 오리온호, 에이전스호 그리고 구축함 4척이 카니어에서 북쪽으로 약 30km 정도 떨어진 해역에서 독일 병력수송 함대를 저지했다. 2시간 30분 동안 격전을 치른 끝에 작은 범선 12척과 기선 3척을 격침했는데, 그날 밤 익사한 독일군은 4천 명에 달했다.

5월 22일, 영국군은 끝내 말레메 지역에서 철수하고 독일군이 말레메 비행장을 접수하게 되면서 시간당 20여 차례씩 독일군의 병력 수송기가 비행장에서 이착륙했다.

독일 공군은 크레타 섬에 대한 봉쇄도 강화했다. 독일 비행기는 영국 함정을 맹렬히 폭격했는데, 영국의 순양함 2척, 구축함 3척이 격침되고 전함 워스파이트호, 밸리언트호 및 기타 함선은 파손돼 알렉산드리아 항으로 철수했다. 영국 해군은 막대한 피해를 입었다.

독일군이 해상 봉쇄를 강화하고 크레타 섬 수비군의 전력은 상대적으로 약해 상황은 계속
악화됐다. 프레이버그 수비군 사령관은 상사 웨벨 장군에게 "수다 만 방어부대는 이미 한
계에 다다랐습니다. 진지를 더 이상 지켜내지 못할 것 같습니다"라고 보고했다.

5월 26일, 독일군은 또다시 공격했고 공군의 엄호를 받으며 대규모의 독일군이 각각 크레
타 섬의 동쪽과 서쪽에 상륙했다. 영국 · 그리스 수비군은 독일군의 공격으로 심각한 타격
을 받고 남부로 철수하기에 이르렀다.

27일 깊은 밤, 결국 크레타 섬을 포기하기로 결정한 처칠은 독일·이탈리아 공군과 해군의 빈틈없는 봉쇄를 뚫고 그곳에 남아 있는 2만 2천의 병력을 어떻게 철수시킬지 계획을 세웠다.

영국군이 섬을 빠져나오기에 가장 적합한 지역은 오직 150m 정도의 벼랑 아랫길로 통하는 남부의 작은 항구 도시 스파키아였다. 부대는 반드시 이곳에 집결해 벼랑 부근에 은폐해 있으면서 배가 오길 기다려야 했다. 처칠은 이곳을 통해 영국군을 철수시키기로 했다.

5월 28일 밤, 영국의 알리스 해군 상교가 구축함 4척을 이끌고 스파키아에 도착해 이곳에서 기다리던 병사 7백 명을 싣고 전투기의 엄호를 받으며 순조롭게 크레타 섬에서 철수했다.

이후 며칠간 영국은 계속 함선을 파견해 이곳에서 영국군을 철수시켰다. 철수하는 도중에 이들을 발견한 독일 비행기의 폭격으로 수송선 및 병력 모두를 잃기도 했다.

5월 30일 밤, 섬을 수비하던 영국군 사령관 프레이버그 장군이 비행기로 크레타 섬을 떠났다. 5월 31일 늦은 밤까지 모두 합해서 1만 7천5백 명을 철수시켰는데 그중에는 그리스군 2천 명이 포함됐다. 미처 철수하지 못한 약 5천 명 정도의 영국군은 독일군에 항복하거나 대부분 사살됐다.

6월 2일, 독일군이 크레타 섬 전체를 점령하면서 발칸 반도 전역은 일단락됐다. 독일 · 이탈리아 파시즘은 발칸 각국을 장악하고 다음 단계의 침략 전쟁을 준비했다.

1942년 6월 중순, 처칠이 워싱턴을 방문하는 동안 북아프리카 동부에서는 영국군이 독일·이탈리아 연합 군대에 크게 패했다. 영국군 수만 명이 토브루크에서 항복했는데 이 사건은 영국 전체에 큰 충격을 줬다. 계속 상황이 악화되는 가운데 처칠은 루스벨트 미국 대통령의 지원을 약속받았으며, 영국 제8집단군 병력을 증원하고 중동 주둔군 사령부를 개편함으로써 중동 영국군의 전력도 강화했다. 1942년 10월 23일, 영국군은 이집트 내의 추축군에 반격을 가하면서 엘 알라메인 전투를 개시했다. 영국군은 서쪽에서 동쪽으로 진격해 트리폴리를 탈취하며 결정적인 승리를 거두고, 이는 근본적으로 아프리카 정세를 돌려놓아 영국이 패배에서 승리로 나아가는 전환점이 됐다.

글 · 천장(陳江)
그림 · 샤오룽(曉龍) · 샤오리(肖黎)

그림으로 읽는 제2차 세계대전 ❺

전쟁의 세계화 1

엘 알라메인 전투

3

1940년 봄, 여름 이후로 유럽 전선에서 프랑스의 운명은 풍전등화이고 영국군이 유럽에서
철수하고 있을 무렵, 줄곧 호시탐탐 기회를 노리던 이탈리아 파시스트당 당수 무솔리니는
6월 10일 마침내 영·프에 선전 포고를 했다.

무솔리니는 허황되게도 영국의 동아프리카, 북아프리카 식민지를 점령해 '신로마 제국'의
꿈을 이루려 했다. 영국이 독일군과 대적하느라 정신없을 때 무솔리니는 중동 이탈리아 주
둔군에 영국의 동아프리카 식민지 공격을 명령했고, 8월, 이탈리아군은 소말리아, 케냐, 수
단을 점령한 데 이어 점차 이집트를 향해 전진했다.

1940년 9월 13일, 북아프리카 이탈리아 주둔군 총사령관 그라치아니 원수는 6개 사단 이상의 병력으로 리비아에서 이집트를 공격해 단번에 수에즈 운하 및 주요 군항인 알렉산드리아를 점령하려 했다.

이집트 영국 주둔군은 4개 사단이 채 되지 않는 병력이었으므로 이탈리아를 저지하지 못하고 급히 동쪽으로 후퇴했다. 9월 16일, 이탈리아는 이집트의 시디바라니를 점령했으나 물자 보급이 어렵고 기후가 나빠져 전투는 소강상태에 들어갔다. 소심하고 신중했던 그라치아니는 이곳에서 무려 3개월이나 머물러 있었다.

12월 7일 모래 폭풍이 있던 날 밤, 영국군은 리차드 오코너 중장이 이끄는 3만 명의 기계화부대를 보내 이탈리아군에 기습 반격을 가했으며, 2월 7일 벵가지를 공략한 데 이어 곧 엘 아게일라로 진격했다.

영국군은 2달여 전투를 치르는 동안 800km를 밀고 나가 포로 13만 명, 전차 4백 대, 대포 1천여 문을 노획했다. 동시에 동아프리카에서 영국군은 에티오피아로 진격했으며, 곧이어 소말리아를 수복하려 했다. 무솔리니의 '신로마 제국'의 꿈은 벽에 부딪히고 말았다.

이탈리아군의 참패로 히틀러는 "이집트 공격은 반드시 우리가 해야 합니다"라고 하는 수하의 제의를 받아들였다. 그는 북아프리카 출병을 결정하고, 무솔리니에게 그라치아니를 교체하도록 했으며, 북아프리카 이탈리아군이 독일군 장성의 통일적인 지휘를 받게 했다.

1941년 2월 6일, 히틀러는 총통 관저에 자신이 총애하는 기갑사단 장성 에르빈 로멜 장군을 불러 2개 기갑사단과 북아프리카 주둔군 그리고 제11항공대대의 일부로 구성된 아프리카군단을 거느리고 리비아로 가서 이탈리아군을 지원하라고 명령했다. 또한 그를 북아프리카 주둔군 총사령관으로 임명하고 추축군의 총괄 지휘권을 위임했다.

2월 12일, 로멜은 북아프리카의 리비아로 가기 위해 서둘러 출발했다. 이틀 후 아프리카군단 선두부대가 독일에서 병력 수송선을 타고 북아프리카의 이탈리아 식민지인 아름다운 트리폴리 항에 상륙했다.

북아프리카에 첫발을 내디딘 로멜은 자신감이 넘쳤다. 그는 "첫 번째 목표는 시레나이카 탈환이며, 두 번째 목표는 카이로와 수에즈 운하를 손에 넣는 것이다"라고 큰소리치면서 이 계획을 히틀러에게 전했다.

3월 31일, 로멜은 추축군 4개 사단 병력을 이끌고 아그라 지역에서 전격전을 펼쳤다.

독일군의 갑작스런 공격으로 영국군은 동쪽으로 리비아에서 이집트로 통하는 중요한 통로인 토브루크 항까지 후퇴했다. 이 소식이 영국에 전해지자 처칠은 즉시 중동 영국군 총사령관인 웨벨 장군에게 "토브루크를 사수하고 절대 철수해서는 안 된다"라고 단호하게 명령했다.

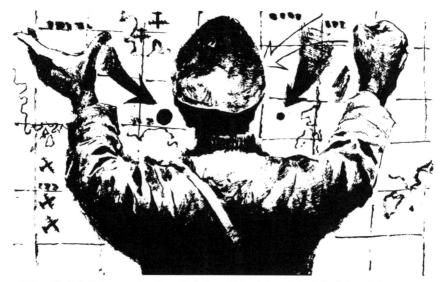

4월 10일, 추축군은 토브루크를 포위했다. 로멜은 자아도취에 빠져 안하무인격으로 지도를 보며 소리쳤다. "토브루크, 카이로, 수에즈 운하까지 모두 내가 접수하겠다!"

로멜은 2주일 동안의 전격전으로 영국군이 2달간 이뤄낸 반격전의 성과를 거의 되돌려 놓았다. 6월 25일, 웨벨이 다시 반격에 나서 3일간 치열한 전투를 치렀으나 영국군은 패하여 원위치로 돌아왔고, 웨벨은 며칠 뒤 중동 영국군 총사령관직에서 해임됐다.

6월 30일, 단번에 토브루크를 점령하려던 로멜은 영국군의 완강한 저항에 부딪혔다. 처칠은 급히 지원부대와 대량 보급품을 수송했다. 로멜이 계속해서 공격했으나 영국군은 꿈쩍하지 않았다.

로멜의 전선이 너무 길어서 육상 보급로가 여러 번 폭격을 당했고, 사막에 고립된 아프리카군단은 사기가 저하됐다. 이 시기, 히틀러는 병력을 집중해 소련을 공격하고 있었고, 영국도 브리튼 전투를 막 치른 탓에 양측은 이집트와 리비아 변경에서 모두 수세를 취했으므로 북아프리카 전투는 대치 국면에 들어섰다.

이 사이 동아프리카의 이탈리아군이 영국군의 거센 공격에 항복하고 말았다. 영국군은 다시 소말리아를 점령하고 에티오피아와 '아프리카의 뿔' 지역을 장악함으로써 이집트 후방에서 적의 세력을 몰아냈다.

7월 2일, 처칠은 오킨렉을 중동 영국군 총사령관에 임명했다. 오킨렉은 부임하자마자 전투 준비에 박차를 가했다.

11월 18일 새벽, 오킨렉은 '십자군 작전' 실행을 지시하고, 추축군의 토브루크 포위를 풀기 위해 커닝엄 장군이 이끄는 제8집단군에 반격전을 펼치라고 명령했다. 양측은 수백 대의 전차를 투입했고 전장은 먼지와 연기에 가려져 어두컴컴했다.

그때까지 후퇴를 몰랐던 로멜은 소모가 크고 지원이 이루어지지 않아 어쩔 수 없이 시레나이카를 포기하고 마르사 엘 브라가로 철수했다. 진지에는 무용지물이 된 전차와 시체가 여기저기 널브러져 있었고, 자신감이 넘쳤던 로멜은 의기소침해질 수밖에 없었다.

1942년 1월, 영국군의 반격으로 심각한 피해를 입은 로멜의 아프리카군단은 전차 150대를 지원받고 재정비를 거쳐 다시 공세를 시작했다.

1월 21일, 로멜은 시레나이카에서 반격을 개시해 영국군 진지의 400여km 되는 곳까지 파고 들어갔다. 5월 26일 밤, 로멜은 원래 계획대로 육군과 공군을 지휘해 영국군에 맹공격을 퍼부었다. 땅에서는 전차가 뿌연 먼지를 휘날리며 질주하고 하늘에는 비행기 5백여 대가 투입됐다.

비르아켐 요새에서 영국군은 용감하게 저항하며 전차 70대로 반격을 시도했으나 독일군의 강력한 포화로 전차 58대가 파괴되고 반격은 실패했다.

독일군은 잠시 숨 고르기를 한 후 3일째 되는 날 새벽 또다시 비르아켐을 맹렬히 공격했다. 비행기 1백여 대가 요새에 융단 폭격을 가했고 양측은 격전을 벌였다. 요새의 참호와 벽이 무너지고 하늘에는 화약 연기가 자욱했다.

며칠 동안 계속된 격전으로 영국군은 탄약이 떨어지고 보급품이 조달되지 않아 남아 있던 2천7백여 병사가 독일군에 항복했으며, 많은 중형 트럭과 대포가 적의 수중에 들어갔다. 로멜은 마침내 비르아켐을 점령했다.

6월 17일, 독일군은 토브루크를 포위했으며 4일 후인 20일 토브루크 수비군이 항복했다. 영국군 2만 5천 명이 포로가 됐고 나머지는 이집트 쪽으로 철수해 엘 알라메인 방어선을 지켰다.

영국군에게 이집트로 통하는 중요한 길목인 엘 알라메인 방어선은 북쪽으로 지중해와 맞닿아 있고 남쪽으로는 넘을 수 없는 카타라 저지로 이어지며, 전체 길이는 50여km로 그 뒤가 곧 알렉산드리아와 수에즈 운하였다. 이곳은 영국군이 북아프리카에서 반드시 사수해야 할 마지막 방어선이었다.

영국군이 이집트에서 참패했다는 소식에 런던과 카이로의 시민들은 경악했고, 영국 대중 매체는 연일 계속해서 처칠 정부를 비난했다. 처칠이 위기에 몰린 순간, 루스벨트 미국 대통령이 셔먼 전차 150대와 대량의 포화를 북아프리카로 수송해 영국군에 지원할 것임을 발표했다.

처칠은 전세를 뒤집기 위해 북아프리카에서 재차 공세를 펼치기로 결심했다. 8월 4일, 처칠은 직접 카이로로 날아가 오킨렉을 영국군 총사령관에서 해임하고, 알렉산더를 중동 영국군 총사령관으로, 몽고메리를 제8집단군 사령관으로 임명했으며, 부대에 대량의 전차, 비행기, 무기, 탄약을 보충해 주었다.

이때, 히틀러가 몰타 섬 침공 계획을 포기하고 4개 공군중대를 소련으로 이동시켰다. 이 기회를 틈타 처칠은 해군을 몰타 섬에 재배치해 북아프리카를 지원하는 군사 기지로 삼고, 비행기도 250대로 늘려 몰타 섬의 전력을 회복시켰다. 곧이어 각종 보급품과 무기 장비를 가득 실은 미국 수송선대가 몰타 항에 들어섰다.

미국의 지원으로 대규모의 전차, 비행기, 무기가 북아프리카에 수송됐고, 지원군도 밤낮으로 전선에 배치됐다. 엘 알라메인 방어선은 날로 견고해졌고, 영국군 제8집단군 전력도 대대적으로 강화됐다.

8월 13일 오전 11시, 제8집단군 사령관으로 부임한 몽고메리가 사막의 사령부에 도착했다. 50세를 갓 넘긴 몽고메리는 작고 튼튼한 체구에 오랫동안 실전에 참가한 경험이 풍부했다. 그는 직접 부하들과 함께 푹푹 찌는 사막 지역을 시찰하고 작전 방안을 의논하는 등 적극적으로 작전 준비에 임했다.

그날 저녁 6시 30분, 사막에 조금씩 서늘한 기운이 돌기 시작했다. 몽고메리는 참모 인원들에게 "힘든 시간은 이미 지나갔다. 좋은 날이 눈앞에 있으니 우리는 사수하고 전투해야 하며 결코 후퇴해서는 안 된다!"라고 강한 어조로 말하고, 철수 계획이 담긴 모든 서류를 불태우게 했다.

8월의 아프리카 사막은 펄펄 끓는 불볕이 내리쬐어 1분만 서 있어도 땀이 비 오듯 쏟아지고 더위가 표현할 수 없도록 끔찍했다. 그러나 영국군 병사들은 신임 사령관이 감독하는 훈련을 받으며 전열을 가다듬었다.

몽고메리는 훈련장에서는 위엄 있는 조각상 같았지만 평소에는 자애로운 웃어른 같은 사령관으로 늘 병사들과 담소를 나누고 그들의 생활을 살펴 부하들의 사랑과 존경을 한 몸에 받았다. 병사들은 그를 친근하게 '몽티'라 불렀다.

8월 19일, 구름 한 점 없는 쾌청한 날씨에 처칠은 제8집단군 사령부에 도착해 몽고메리와 함께 전선을 시찰했다. 두 사람은 담소를 나누었고, 처칠은 몽고메리를 대단히 만족스럽게 생각했다.

몽고메리는 차곡차곡 전투 준비를 했다. 이때 각종 정보에 의해 로멜이 새로운 공격을 시도하고 있음이 알려졌다. 몽고메리는 만반의 준비를 위해 직접 전체 방어선을 돌아봤다. 정보에 근거해 로멜이 남쪽을 공격한 다음 왼쪽으로 에돌아 영국군을 포위할 것이라 판단한 몽고메리는 남쪽의 방어를 강화했다.

로멜은 9월이 되면 영국군이 더욱 강대해질 것이라 판단하고 8월 말에 공격하기로 했다. 영국군의 선제공격을 방지하기 위해 로멜은 진지 앞쪽에 대량의 지뢰를 매설했다.

8월 28일, 로멜은 모든 지휘관을 사령부로 불러들여 재차 "공격의 최종 시한은 30일로 정한다. 우리가 비옥한 이집트로 향하는 마지막 문을 여는 전투에서 승리하길 바란다. 다만 이번 전투의 승리는 연료와 탄약에 달려 있다"라고 말했다.

로멜이 걱정하던 병참 보급에서 결국 문제가 생겼다. 독일군의 암호를 입수한 영국군이 배 6척으로 구성된 이탈리아 수송대를 찾아내 공격해서 4척이 침몰되고 나머지 2척도 파손됐다. 8월 29일에도 독일군 기지에는 단 한 척의 수송선도 도착하지 못했다. 로멜은 더는 기다리지 못하고 연료 및 물자가 부족한 상황에서 주사위를 던졌다.

8월 30일 저녁 10시, 달빛이 사막을 은은하게 비추는 밤에 로멜은 전차 2백여 대를 투입해 영국군 엘 알라메인 방어선 남쪽을 공격하는 동시에 북쪽과 중부에서도 견제 공격을 펼쳤다.

오랜 기간 전투 준비에 매진했던 영국군은 이미 엘 알라메인에 철벽 방어선을 쳐놓고 있었다. 로멜의 부대는 지뢰 매설 지대에 잘못 들어섰고, 중기관총, 화포, 박격포를 가지고 있던 영국군은 몽고메리의 침착한 지휘 아래 적군을 강하게 밀어붙여 진지를 지켜냈다.

이튿날 오전 2시경, 영국군 공수병이 쏜 조명탄으로 진지 전체가 대낮같이 훤해졌고, 영국군 앞에 완전히 노출된 로멜의 부대는 적군의 공습에 속수무책이었다. 독일 기갑군단 선두 부대는 영국군 지뢰 매설 지역에 갇혀 폭격 목표가 됐으며, 트럭, 병력 수송차, 전차가 연이어 포탄에 명중돼 진지는 불길에 휩싸였다.

이때, 영국군 비행기 1대가 측면에서 급강하해 독일 아프리카군단의 지휘 차량을 폭격했다. 무선 통신기가 파괴되고 많은 군관이 사살됐다.

오전 8시경, 로멜이 차로 진지에 도착하자 "아프리카군단 사령관 중상", "폰 비스마르크 장군 전사" 등 불길한 소식이 속속 날아들었다. 남쪽의 방어력이 약할 것이라 예상했으나 오히려 더 강력했으므로 로멜은 급히 전투를 중지시켰다.

오후가 되자 로멜은 계획을 변경해 알람 엘 할파 능선으로 돌파를 시도했다. 그러나 로멜이 고지에 접근하는 순간 위장해 두었던 영국군 대포가 일제히 불을 뿜었고, 하늘에서는 비행기가 폭격을 해와 전에 없던 격전이 밤새도록 끝나지 않았다.

엎친 데 덮친 격으로 로멜이 눈 빠지게 기다렸던 휘발유를 1천2백 톤 실은 이탈리아 유조
선이 토브루크에서 영국군에게 격침됨으로써 독일군의 연료 보급은 심각한 타격을 입었다.

연료가 부족한 상황에서 독일군의 피해도 막심했으므로 로멜은 공격을 포기하기로 했다.
6일에 걸친 격전 끝에 독일 아프리카군단은 셀 수 없이 많은 병사의 시체만을 남긴 채 원
위치로 돌아왔다. 진지에는 불타고 있는 전차와 그 잔해들로 가득했다.

전투에서 승리를 거둔 영국군은 사기가 크게 진작됐다. 알렉산더 중동 영국군 총사령관이 마련한 연회에서 몽고메리는 "이집트는 이제 위험에서 벗어났습니다. 제가 반드시 로멜을 물리치고 마지막 승리를 거머쥘 것입니다"라고 선포했으며, 모두 함께 승리의 축배를 들었다.

9월 19일, 건강이 나빠진 로멜이 독일로 돌아가 요양할 것을 요청하자, 히틀러는 즉시 로멜의 임시 후임으로 신체가 건장하고 성격이 온화한 전차 전문가 스툼메 장군을 북아프리카에 파견했다. 로멜은 스툼메에게 전투 상황을 상세히 설명해 주었다.

9월 23일, 극도의 스트레스로 기력이 다한 로멜은 병을 이유로 사령부와 전선을 뒤로하고
귀국해 오스트리아 자택에서 휴양했다.

9월 마지막 날, 히틀러는 로멜을 총통 관저 서재로 불러 다이아몬드가 박힌 원수 지팡이를
수여했다. 히틀러 뒤에는 카이텔 등 고급 관원들이 줄지어 서 있었다.

며칠 뒤, 로멜은 북아프리카의 스툼메에게 편지를 써 "원수께서는 아프리카에서 이미 점령 중인 진지를 지키는 데 동의하셨소. 우리 부대가 충분한 보급을 받아 전력을 회복하고 지원부대를 그쪽으로 파견하기 전에는 새로운 공격에 나서지 마시오"라고 전했다.

그러나 얼마 전 히틀러가 포기한 몰타 섬이 눈엣가시처럼 계속 로멜을 괴롭혔다. 몰타 섬 기지에서 출발한 군함, 비행기가 독일·이탈리아에서 수송되는 대부분 물자를 수장시켜 로멜 부대는 아무런 지원도 받지 못하고 곤경에 빠졌기 때문이다.

시간은 하루하루 지나가고, 10월이 되자 상황은 독일군에게 더욱 불리해졌다. 아프리카군단은 8만 명의 병력, 전차 540대, 비행기 350대가 겨우 남았을 뿐이었다.

반면 영국군은 뉴질랜드, 캐나다, 오스트레일리아 등 군대를 포함해 총 23만 명의 병력과 전차 1천4백 대, 비행기 1천5백 대를 보유하고 있어 병력, 장비 면에서 모두 절대적 우위에 있었다.

몽고메리는 여전히 전쟁 준비에 여념이 없었다. 10월 6일, 제8집단군 작전부에서는 상세한 작전 계획을 내놓았다. 제30군단은 북쪽에서 주공격해 적군 지뢰 매설 지역을 통과하고, 제13군단은 남쪽에서 견제 공격하며, 제10군단은 제30군단에 협력해 적군의 전차를 파괴하기로 했다. 공격 일자와 시간은 달 밝은 밤으로 정했다.

끔찍한 재앙이 추축군에게 다가오고 있었지만 이 시각에도 스툼메는 여전히 독일군의 신화를 믿고 있었다. 그는 로멜에게 편지로 "영국군이 분명 공격할 것이다. 그러나 그들은 너무 일찍 샴페인을 터트렸으며, 우리는 그들에게 패배의 쓴잔을 안겨줄 것"이라고 큰소리쳤다.

영국군은 계획에 따라 일사분란하게 움직이고 있었다. 주력부대는 비밀리에 북쪽으로 이동해 집결하고, 남쪽에는 가짜 창고를 세우고 대량의 가짜 트럭, 대포, 무기 견인차 등을 만들면서 분주한 모습을 연출해 영국군이 남쪽에서 주공격할 것이라고 독일군이 믿도록 유도했다.

10월 19·20일 양일간, 몽고메리는 제8집단군 소속 3개 군단 중교 이상의 군관을 소집해 전력을 철저히 분석했다. 그는 자신감이 넘치면서도 유머러스하게 "종군 목사라 하더라도 평일에는 한 명, 주말에는 두 명의 적은 죽여야 하오"라고 말했다. 이 말을 듣고 군관들은 호탕하게 웃었다.

출전하기 전 병사들을 독려하기 위해 몽고메리는 전체 작전 계획을 설명했다. "로멜은 병가를 내고 귀국했다. 적군은 군량, 휘발유, 탄약이 모두 부족해 작전 능력이 떨어졌다. 그러나 우리는 한창 전투력이 강할 때이니 적을 무찌를 절호의 기회다!"

10월 20일 저녁, 영국군 정보기관은 이탈리아 군사 물자 수송선대가 북아프리카에 도착할 것이라는 정보를 입수했다. 이에 영국군은 즉시 비행기와 잠수정을 파견해 재빨리 이 선대를 침몰시켰는데, 배에 싣고 있던 1천6백 톤 휘발유와 기타 물자는 모두 바다 밑으로 가라앉았다. 아프리카군단의 수송선대 재파견을 요구하는 전보가 계속해서 로마로 전해졌다.

영국의 에니그마 암호 해독기가 로마의 답전을 해독했다. "21일 저녁 프로세르피나호 휘발유 2천5백 톤 신고 출항, 루이지애나호, 포르토피노호도 물자 신고 곧 출항" 영국군은 독일군의 보급 상황을 낱낱이 꿰고 있었다.

1942년 10월 23일, 평온한 가운데 대낮이 지나갔고 밤의 장막이 드리운 대지에 밝고 둥근 달이 하늘 높이 떠올랐다. 오후 9시 40분, 몽고메리는 작전 명령을 내렸다. "전차를 향해 발포! 독일군을 향해 발포!"

순식간에 번개가 번쩍이고 굉음이 몰아치며 사막의 정적을 깨뜨리더니 포탄이 소나기가 퍼붓듯이 독일 진지에 떨어졌다. 드디어 오랫동안 준비해온 엘 알라메인 전투가 시작된 것이다!

연이어 여러 대의 영국 폭격기가 급강하해 내려왔고 독일군 진지는 삽시에 화약 연기가 자욱해지고 불길이 하늘로 솟구쳤다.

영국군이 공격한 지 20분 정도 지났을 때 거센 포화와 공군의 엄호를 받으며 제30군단과
제13군단의 장병들이 참호에서 뛰쳐나와 독일군을 향해 맹렬히 공격해 왔다.

영국군은 로멜이 수십만 개의 지뢰를 매설해 놓은 독일 진지 앞의 지뢰 지역에서 저지당
했다. 독일군은 이 지역을 이용해 완강하게 저항했는데, 적의 포화가 쏟아져 영국군의 전
진 도로가 봉쇄됐고, 양측의 전투는 치열하게 진행됐다.

전선 지휘부에서 전투 상황을 지켜보던 몽고메리는 기갑부대가 반드시 제때에 지뢰 지대를 통과해야 한다고 생각하고, 즉시 제2뉴질랜드사단을 전투에 투입시켜 전진 기지 쪽에서 방어하는 독일군을 맡게 했다.

북아프리카에서 영국군과 독일군이 격전을 벌이고 있을 때 로멜은 자신의 오스트리아 산장에서 요양하고 있었다. 24일 오후 3시, 전화벨 소리가 급하게 울리더니 로마에서 "몽고메리가 어제 저녁부터 공격을 시작했다. 스툼메 장군은 실종돼 자취를 감추었다"라고 알려 왔다.

거의 동시에 히틀러도 쉰 목소리로 "로멜, 아프리카 상황이 좋지 않네. 스툼메 장군이 행방불명됐어"라고 전화했다. 로멜은 북아프리카로 돌아가겠다고 말했다. 그러자 히틀러는 "몸은 괜찮겠어?" 하고 되물었고, 괜찮다고 하자 "좋아! 즉시 비행장으로 가서 기다리게!"라고 말했다.

전투가 시작된 지 하루가 좀 지나 스툼메 장군이 실종됐는데 사실 그는 갑작스런 심장병으로 사망한 것이었으며, 폰 토마 장군이 임시로 총지휘 직무를 이어받았다. 영국군의 기습 공격은 독일군 사령부를 혼란에 빠뜨렸다.

25일 아침, 히틀러는 전화로 특별 명령을 내려 로멜이 신속하게 전선으로 되돌아가 다시 지휘권을 장악하게 했다. 오전 8시, 로멜은 아픈 몸을 이끌고 황급히 북아프리카 주둔지로 날아갔다.

오전 10시경, 로멜을 태운 비행기가 로마에 착륙했다. 북아프리카 군대가 사용할 수 있는 휘발유가 고작 3일치밖에 남지 않았다는 소식을 들은 로멜은 눈이 휘둥그레지면서 울부짖었다. "당장 적어도 30일치 휘발유는 있어야 한단 말이야!"

늦은 밤, 로멜이 엘 알라메인 전선에 도착했을 때도 아프리카군단은 곤경에 처해 있었다. 로멜은 2개 기갑사단을 파견해 영국군에 반격을 가했지만 별다른 성과가 없었다. 영국군 제1기갑사단은 이리저리 독일군을 휘젓고 다녔고 영국 공군도 무차별 공격을 가해 왔다.

추축군 전차 여러 대가 적군이 쏜 포탄에 명중돼 불이 났고, 전차 50여 대는 거북이처럼 땅 바닥에 엎드린 채 움직이지 못했다. 나머지는 승패가 확실한 상황에서 목숨을 구하기 위해 사방으로 도망쳤다. 영국군은 대승리를 거두었다.

독일군 진지는 쥐 죽은 듯 고요한 정적이 흘렀다. 로멜은 몽고메리가 북쪽에서 또다시 공격해올 것이라고 확신하고 군대를 북쪽으로 이동시켜 방어를 강화하라고 명령했다. 곧이어 입수한 영국군 지도는 로멜의 판단이 정확했음을 알려 주었다.

바로 그 며칠 사이 이탈리아에서 출항한 수송선 프로세르피나호가 해상에서 영국군에 격침돼 로멜에게 커다란 타격을 주었다.

28일 오전 10시, 영국군의 총공격이 시작됐다. 대포 소리가 하늘땅을 뒤흔들고 빽빽하게 밀집한 영국군이 앞으로 진격해 왔으며 비행기도 독일군 진지를 융단 폭격했다.

그러나 로멜이 미리 배치를 끝내 놓았기 때문에 아프리카군단은 진지를 사수했고, 영국군은 거센 저항에 부딪혀 오전에 시작된 전투가 밤까지 계속됐다. 조명탄이 공중에서 가물거리고 대포 소리, 함성 소리, 비행기 소리까지 합쳐져 그곳은 마치 이 세상이 아닌 것 같았다!

그날 밤, 몽고메리는 사령부에서 음울한 표정으로 무거운 마음을 다스렸다. 벌써 5일째다!
영국군이 적잖은 승리를 거두었으나 사상자 또한 근 1만 명에 달하고 진척이 거의 없었다.

로멜은 더욱 침울했다. 그는 칠흑같이 어두운 사막에서 서성이며 사색에 잠겼다. 영국군은
절대 우세로 공격해 오고 있는데 아군 물자는 턱없이 부족하고 병력 차이도 날로 심화되
고 있다. 만약 끝까지 사수하면 방어선을 돌파한 영국군이 포위권을 형성해 아프리카군단
은 분명 전멸할 것이다.

이튿날 아침, 알렉산더 중동 영국군 총사령관과 중동 사무를 책임진 케사이 국무대신 일행이 엘 알라메인 전선을 시찰하기 위해 왔다. 몽고메리는 그들에게 전세를 설명하고 동시에 북쪽 전선에서 '총돌격 작전'을 펼칠 계획이라고 보고했다.

몽고메리의 말이 끝나자마자 두 사람이 앞으로 나서며 남쪽에서 '총돌격'할 것을 건의했다. 이들은 몽고메리의 참모장 긴간드와 알렉산더의 참모장 맥크리리였다.

두 참모장은 적군 주력이 모두 북쪽으로 이동했으므로 남쪽이 비었을 것이고 주요 수비군
인 이탈리아군은 전투력이 한참 뒤진다고 판단했다. 이때 정보처 처장이 가져온 최신 정보
가 그들의 주장이 정확하다는 것을 뒷받침해 주었다. 이에 알렉산더와 몽고메리는 즉시 그
들의 건의를 받아들였다.

휘발유 1,460톤을 실은 루이지애나호 역시 토브루크 항에서 격침되면서 북아프리카 추축
군에 대한 타격은 끊이지 않았다. 이는 로멜의 숨통을 끊는 것이나 마찬가지였다.

10월 30일 밤, 로멜은 적진 깊숙이 파고들려는 영국군의 공격을 저지하고 오스트레일리아 병사 2백 명을 사로잡았으며 전차 20대를 격파했다. 무솔리니는 아군이 승리했다는 소식을 듣고 전보로 특급 칭찬을 아끼지 않았다. 로멜은 독일군이 처한 곤란한 형편을 생각할 때 울 수도 웃을 수도 없었다.

11월 2일 새벽, 총돌격 작전이 시작됐다. 영국군은 대포와 전차의 엄호를 받으며 이탈리아 방어선을 향해 돌진했다. 이탈리아군이 여러 차례 반격을 시도했지만 모두 격퇴됐다.

오전 11시, 전화벨 소리가 울려 전화기를 든 로멜은 무서운 현실에 직면해야만 했다. "영국군 전차부대가 방어선을 돌파하고 서쪽으로 쳐들어오고 있습니다." 로멜은 급히 병사를 이동시켜 뚫린 방어선을 막도록 했다.

영국군이 독일군의 보급로마저 파괴해 아프리카군단은 막다른 곳까지 몰렸다. 많은 병사들이 들것에 부상병을 싣고 파괴된 전차, 차량과 시체 옆을 지나갔다.

밤늦게 폰 토마가 로멜에게 전화를 걸어 "전선은 잠시 안정됐습니다. 그러나 병력이 너무 부족하고 전차는 35대가 채 되지 않습니다. 예비군도 모두 동원했습니다"라고 보고했다.

전차 35대! 로멜은 대세가 이미 기울었음을 알아차렸다. 사령부의 어두운 불빛 아래서 로멜은 히틀러에게 서쪽으로 푸카까지 철수해야 한다는 내용의 전보를 보냈다.

이튿날 아침 8시 30분, 카이텔 육군 원수가 상기된 얼굴로 히틀러의 지하 벙커로 뛰어 들어와 로멜의 야간 보고를 총통에게 보여주었다. "11월 2, 3일 밤 보병사단은 이미 방어선에서 철수."

히틀러는 숱이 적은 머리카락을 움켜쥐었다. 이건 마른하늘에 날벼락이다! 그는 즉시 전보로 로멜에게 명령했다. "버텨야 한다. 반드시 버텨야 한다. 승리하지 못하면 죽을 수밖에 없다. 전력으로 증원할 것이다."

무솔리니도 로멜에게 전화했다. "로멜 원수, 어떠한 대가를 치르더라도 지금의 방어선을 지켜 주시오. 우리가 모든 방법을 동원해 즉시 항공, 해상으로 보급 물자를 수송하겠소."

그 무렵 히틀러는 소련과의 전투에 치중하느라 아프리카를 살필 겨를이 없었다. 북아프리카의 정세는 이미 기울 대로 기울어 증원이 된다 해도 너무 늦은 상황이었다. 로멜은 부하들을 구하기 위해 히틀러의 명령을 기다리지 않고 이탈리아군을 내버려 둔 채 황급히 푸카로 철수했다.

퇴각하면서 독일군 전차와 자동차는 서로 양보하지 않았고 병사들은 먼저 제 살길을 찾기 위해 주변을 돌아보지 않아 퇴각 행렬은 아수라장이 됐다.

이탈리아 4개 보병사단은 자동차 등 수송 수단이 부족해 미처 퇴각하지 못하고 곧 영국군에 항복했다.

11월 3일 오후, 철수 중이던 로멜은 끝까지 방어선을 사수하라는 히틀러의 전보를 받았다. 로멜은 진퇴양난에 빠졌다. 끝까지 사수하는 것은 헛된 죽음을 자초하는 길이었기 때문이다. 로멜은 어쩔 수 없이 토마에게 전화해 마지막 한 사람이 남을 때까지 진지를 사수하라고 명령했다.

토마는 그것은 불가능한 일이라고 항변했다. 로멜은 전화통에 대고 소리쳤다. "철수하면 안 돼. 총통께서 끝까지 사수하라고 명령했어. 철수하면 안 돼! 철수를 중지하고 진지를 지키란 말이야!" 토마는 상관의 불호령에 어쩔 수 없이 명령에 복종했다.

4일 아침, 케셀링 독일 육군 원수가 북아프리카 부대 숙영지에 도착했다. 그는 로멜에게 지금은 총통이 러시아 전선에 모든 역량을 쏟아붓고 있다고 말했다. 그 시각 독일군은 러시아의 스탈린그라드에서 완강한 저항에 부딪혀 아프리카군단을 지원할 여력이 없었다. 로멜은 케셀링에게 현재의 위급한 정세를 설명했다.

정세의 심각성을 파악한 케셀링은 융통성 있게 대처하라고 조언했다. 로멜은 총통의 명령을 절대 거스를 수 없다고 말했다. 그러나 그는 케셀링의 제안대로 다시 히틀러에게 전보를 쳐 철수하는 데 동의해 줄 것을 요청했다.

로멜이 히틀러에게 전보를 치고 8시간이 지난 뒤, 폰 토마 장군은 영국군의 공격을 더는 저지하지 못하고 영국군 전차병에 항복했다. 그는 곧 몽고메리 앞으로 보내져 장교로서의 예우를 받았다.

독일군의 정세는 더욱 악화됐다. 영국군은 신속하게 약 20km 너비의 돌파구를 만들었다. 아프리카군단이 전부 괴멸될 위기일발의 순간, 로멜은 또다시 철수 명령을 내렸다. 이와 함께 히틀러도 철수에 동의한다는 전보를 보내왔다. 이로써 엘 알라메인 전역은 거의 종결 됐다.

로멜은 부대를 이끌고 약 1천3백km 정도를 철수해 추축군의 북아프리카 주요 기지인 리비아의 브레가 항에 도착했다. 영국군은 8일로 예정돼 있는 미군 아이젠하워 부대의 북아프리카 상륙을 위해 계속 서쪽으로 독일군을 추격했다.

독일군이 브레가로 후퇴한 후 자신의 '아프리카 제국'의 꿈이 무너지려 하자 무솔리니는 급히 1개 기갑사단과 3개 보병사단을 조직해 로멜에게 힘을 보냈다.

히틀러 역시 전보를 보내와 로멜에게 '어떤 대가'를 치러서라도 브레가 방어선을 지키라고 명령했지만 남은 병력이라고는 고작 5천 명가량의 패잔병이 전부였다. 연료도, 기동력도 없는 부대를 바라보면서 로멜은 더는 싸울 마음도, 기력도 없었다.

11월 8일, 미·영 연합군은 '횃불 작전'을 실시해 북아프리카의 카사블랑카, 오랑, 알제에 상륙했다. 북아프리카에서 벼랑 끝으로 몰린 추축군은 존폐가 매우 위태로웠다. 11월 26일, 로멜은 동프로이센에 있는 히틀러 총사령부로 가서 북아프리카에서 철수할 것을 요구했다. 그러나 히틀러는 여전히 그에게 브레가로 돌아가 끝까지 사수하라고 명령했다.

이때, 몽고메리는 퇴각하는 독일군을 바싹 추격해 선두부대가 먼저 브레가 외곽 지역에 도착했다. 그는 '그곳에서 추축군을 완전히 소탕할' 계획으로 12월 24일에 공세를 펴기로 했다. 12월 11일, 이미 영국군의 계획을 꿰뚫은 로멜은 무솔리니의 동의를 받아 성을 버리고 해안선을 따라 서쪽으로 퇴각했다.

로멜은 주리비아 이탈리아 총독 바스티코 원수에게 "전세는 휘발유의 보급에 달렸다. 우리는 탄약도, 휘발유도 없으므로 더 이상 적군에 반격할 수 없다"라고 알렸다. 그러나 무솔리니는 "모든 추축국 군부대는 반드시 끝까지 저항해야 한다!"라고 전보를 보내왔다.

궁지에 몰린 로멜은 무솔리니의 명령도 무시한 채 계속 신속하게 튀니지까지 퇴각했다.
1943년 1월 23일 새벽 4시, 영국군은 북아프리카의 주요 도시 트리폴리를 점령했다.

2월 중순, 리비아와 튀니지 국경에서 몽고메리는 추격을 멈추었다. 엘 알라메인 전역 및
그 후속 작전은 모두 영국군의 승리로 마무리됐다. 이번 엘 알라메인 전투의 승리로 연합
군은 북아프리카에 상륙해 전투할 수 있는 기반을 마련했고, 아프리카에서의 추축국 세력
을 철저히 소탕하는 전과를 이뤘다.